guide

导读
福 柯

Michel Foucault

萨拉·米尔斯（Sara Mills） 著

潘伟伟 译

重庆大学出版社

致　简

TO JAN

目　录

我们今天
为什么需要导读书？

这批来自"劳特利奇批判思想家"（Routledge Critical Thinkers）系列的小书，构成了"思想家和思想导读"丛书的基石。早在丛书策划之初，我们就在豆瓣那个"藏龙卧虎"之地结识了一群志同道合的朋友。我们之间的对话从一个提问开始——"我们今天为什么需要导读书？"

> 我们今天对西学的译介，依然有一些是盲目跟进式的译介，而缺乏系统、深入的相关性研究。[1]

面对有识之士发出的这句尖锐批评，我们试图借助这一发问所引发的一系列思考，探寻专业性导读对于中国学界，特别是初入门者，意味着什么。呈现在我们面前的这套译作，是加入这次"探寻之旅"的朋友们，用他们的精彩译笔所作的回应。然而，在文本之外，一些智慧之果还散落在他们的言说之中，需要显现。

---

1 王晓路.序论:词语背后的思想轨迹[M]//王晓路,等.文化批评关键词研究.北京:北京大学出版社,2007:5.

豆瓣 id：ヲ

"地图书"（将导读书视为探索思想的地图。）这个说法很不错，和弗雷德里克·詹姆逊（Fredric Jameson）的认知地图（cognitive mapping）有异曲同工之妙。

如果让我来定位入门书的意义的话，我会借用詹姆逊提出的另一个概念，即消逝的中介（vanishing mediator）。在一个辩证扬弃的过程中，一个"消逝的中介"发挥这样的作用：它施力于前一个状态从而引导出后一个状态，这个过程完成的同时它即消逝。

如果把入门书比作一个"消逝的中介"的话，它不怕当初的读者回过头来觉得它有种种缺陷和不足，因为这恰恰是它所想要达成的。如果一套入门书能发挥这样一个作用，我觉得它的编撰者就应该没有遗憾了。

豆瓣 id：剧旁

（李三达，湖南大学文学院讲师）

目前，很多中国学生读书进入了误区，就是认为读原典才是正道，解读的书一概不读，生怕这些人家咀嚼过的内容会影响他们对原典的认知。这真是再荒谬不过了，而我导师一再强调要规避这种误区，不要总摆出一副不世奇才的心态，别人苦心经营的研究成果只能是明灯，与原典相辅相成，待到你学力足够方知深浅和漏洞，彼时再别出心裁不迟。我深以为然。

豆瓣 id：坏卡超

二手文献或导读性文献确实很有必要。并且也应该重视英语世界的二手文献。尽管英语世界不是欧陆哲学的发源地，但英语作者一般都会比较注重用清晰易懂的语言来解释深邃的道理。

豆瓣 id：近视眼女郎

（路程，上海外国语大学文学研究院助理研究员，《导读阿多诺》译者）

我个人以为，无论从学术还是知识普及的角度来说，系统引进导读类的书都是多多益善的。当我想了解某位思想家，首先会做的，也是去寻找一些靠谱的导读书来看。

豆瓣 id：年方十八发如雪

国内许多入门级、导论级著作，往往都是引了过多的原文，而非对文本本身的解读。换言之，本来是要作者来解释文本，结果成了作者从原著中摘了几句话，让读者自行领会。或者直接就是由作者的一些论文拼凑出来。这样的后果自然是让初学者一头雾水，完全起不到导论的功能。

相比而言，Critical Thinkers 这套书的一个优点就是由作者带领读者读文本，其次就是每本书后面的文献相对来说都比较齐全，有助于进一步的研究，最后是该系列的很多思想家都是国内很少涉及的，比如阿甘本等，引进来也有开拓作用。总之，老少咸宜。

豆瓣 id：Igitur

（于长恺，爱好阅读法国当代哲学书籍）

毕竟从原著开始着手，需要忍受其本身的拧巴语言风格，西式的语法结构，不同的文化背景、语境。能够有可靠、系统的介绍文本为后续的阅读指引道路，可以节省许多绕弯路的时间，减少初学者的挫折感，增强学习兴趣。

豆瓣 id：H.弗

（卢毅，复旦大学哲学学院）

这些著作就成了维特根斯坦所说的"梯子"，特别是初学者在很大程度上需要借助它们来对某位思想家基本的思想观点先有个大致的把握和了解，这样，一方面可以帮助人们铺平一些道路、消除一些畏难心理，另一方面可以作为一个引子更好地激发起人们的学习兴趣而不只是无助感与挫败感。

豆瓣 id：Gawiel

（马景超，美国维拉诺瓦大学［Villanova University］哲学系博士在读，《导读波伏瓦》译者）

我以前在国内读书的时候，也经常感到这样的不便，尽管黑格尔、康德和海德格尔等寥寥几位有一些不错的入手读物，但是大部分人还是缺乏类似的读物来引荐。我也非常希望能够通过"地图书"来改变大家的读法，否则，对于很多学科和很多学者都只是停留在泛泛了解一点的程度上，很难进行有建设性的学术研究。比如，人人都知道福柯谈"权力"，然而什么是权力，则需要深入阅读福柯的几本作品，并且能够将不同作品里面的理念联系起来，才能有所了解，否则只是在用我们日常语言中的"权力"去套用福柯的牙慧。如果没有导读性质的作品，读者（尤其是本来就没有精读压力的人）就很容易停留在套用牙慧这个地方，而对于真正有意思的书望而却步。

还有像巴特勒（Butler）这样的作家，作品中有一些话看上去很有力（"性别是一种操演"），但是理解前后文就需要知识背景（"主体由操演建构"）了。那么，如果没有导读类的书，一般读者很容易就理解为：一个人可以自由决定自己扮演男性还是女性，而这恰恰是巴特勒(作为反人文主义[anti-humanism]传统的继承)最不可能持有的观点,她想说的恰恰是自我的形成过程中,性别作为一种操演已经参与了这一形成,因此没有性别之外、语言之外的"无性别"、"前性别"的主体。

这些都是我常见到的误解,我觉得也许导读类书的引介可以改变这种"好读书不求甚解"的现状,尤其是对于并非哲学专业,但是需要运用到哲学理论的人,导读类的书更可以起到介绍理论背景和避免断章取义的作用。

豆瓣 id:迷迭香

(李素军,中国社会科学院文学所博士研究生)

作为一个理论专业的学生,我深知直接读原著的个中艰辛。理论难读的原因之一是翻译,抛却误译等人为因素,西方思想转换到中文语境里所带来的语言的晦涩也是一个很大的问题;其二,每个思想家都有自己的理论语境,他在继承什么,反对什么都不是短时间内可以看明白的,换言之,我们得摸清楚他的理论轨迹。

豆瓣 id:霍拉旭的复仇

(汪海,中国人民大学文学院讲师)

从学生过来的我,也经历过一个阶段,听到很多老师强调直接阅读原典,生怕受二手资料的影响。但实际上,若没有一个导读的阶段做宏观把握,直接读原典的结果就是不知所云,看了就忘。

我个人从来不相信"白板说",以为学生在不读二手书之前是纯洁的、不受污染的、具有反思力的"白板"。没有大量的阅读,根本培养不出反思力,导读是必需的,最好是有多重不同看法和角度的导读。

极其要不得的是对原典的态度——面对"名著"没有一颗平常心：或者极其功利地想要推翻它，从而证明自己的高明；或者直接拜倒，因为它是"典"，是权威。好的读书方法就是培养好的民主政治素质，要学会听不同的意见，"名著"之所以是名著，不是因为它是"典"，是权威（虽然它有权威性），而在于它是一个伟大的空间，容得下太多的探讨、太多的声音，不断激发更多的思考、更多的创造，所以才有那么多人前赴后继地走进来。

导读不妨把它看作是一个邀请、一个好客的举动，带我们进入原著的空间，而不是助教，不是训导，不是"原著"这个白胡子老头打算教训弟子之前的开场白或者清清嗓子。

导读也是前人外出探险之后留下来的攻略，不可能事事准确、面面俱到，它邀请你历险，最后写出自己的攻略。

前面说过，我不相信白板——没有单纯的读者。没有导读的读者，他会用从前未经反思的有限阅读经验当导读。如果他自以为此前完全没有受过二手思想的影响，他反而缺乏对自我的反省和批判。

丛书编者前言 1

本丛书提供对影响文学研究和人文学科的主要批判思想家的介绍。当在研究中遇到一个新的名字或概念时，本丛书中的某本可以成为你阅读的首选著作。

丛书收录的每一本著作都将通过解释一位重要思想家的核心观念，把这些观念置入语境并且——也许，最重要的是——向你展示为什么这位思想家被认为是重要的，来帮助你进入她或他的原始文本。这是一套不需要专门知识的简明、清晰的导读系列。尽管聚焦于特定的人物，本丛书也强调，没有一位批判思想家是在真空中存在的。相反，这样的思想家是从更广泛的智识的、文化的和社会的历史中出现的。最后，这些著作将在你和思想家之间搭建一座桥梁：不是取代原文，而是补充她或他的作品。

编写和出版这些著作是非常必要的。在 1997 年出版的自传《无题》(*Not Entitled*)中，文学批评家弗兰克·克默德(Frank Kermode)描写了发生在 20 世纪 60 年代的这样一段时间：

1　本前言由王立秋(豆瓣 id：Levis)翻译。——编者注

在美丽的夏日草地上，年轻人整夜地躺在一起，从白天的劳顿中恢复过来，聆听着巴厘音乐家的巡回演出。在毛毯和睡袋下，他们懒洋洋地谈论着当时的大师们……他们重复的大多是传闻；因此我在午休时，非常即兴地提议，做一套简短、廉价的丛书，提供对这些人物的权威而易懂的导读。

对"权威而易懂的导读"的需要依然存在。但本丛书反映的却是一个不同于20世纪60年代的世界。随着新的研究的发展，新的思想家出现了，而其他思想家的声誉则盛衰不一。新的方法论和挑战性的观念在艺术和人文学科中传播开来。文学研究不再——倘若它从前如此的话——仅仅是对诗歌、小说和戏剧的研究与评价。它也是对在一切文学文本和对这些文本的阐释中出现的观念、问题和疑难的研究。别的艺术和人文学科也发生了类似的变化。

新的问题也随之出现。在人文学科的这些剧变背后的观念和问题，经常被不以更广泛的语境为参照地呈现出来，或被呈现为你可以简单地"加"在你阅读的文本上的理论。当然，有选择地挑出某些观念，或使用手头现成的东西并没有什么错，而且确实有一些思想家认为事实上我们能做的就是这些。然而，有时人们会忘记，每一个新观念都是出自于某个人的思想的底样及其发展，而研究他们的观念的范围和语境是重要的。与"浮于空中的"理论相反，本丛书贯之始终的是把这些重要思想家和他们的观念放回它们原本的语境中去。

不仅如此，本丛书收录的著作还反映了回归思想家自己的文本和观念的需要。一切对某个观念的阐释，甚至是看起来最为单纯的阐释，也会或隐或现地给出它自己的"有倾向性的陈述

（spin）"。只阅读论述某位思想家的著作，而不读该位思想家的文本，就是不给你自己做决定的机会。有时，使一位重要人物的作品难以进入的，与其说是它的风格或内容，不如说是（读者）不知道从哪里开始的那种感觉。本丛书的目的，就是通过为这些思想家的观念和著作提供一个容易理解的概述，通过引导你从每位思想家自己的文本开始进行进一步的阅读，来给你一个"入口"。用哲学家路德维希·维特根斯坦（1889—1951）的比喻来说，这些书是梯子，是在你爬到下一层楼后要扔掉的东西。因此，它们不仅帮助你进入新的观念，也会通过把你领回理论家自己的文本，并鼓励你发展你自己的有依据的意见，来给你力量。

最后，这些书之所以是必要的，是因为，就像智识的需要已经发生变化那样，全世界的教育系统——通常导读就是在这个语境中被阅读的——也发生了根本的变化。适合 20 世纪 60 年代的精英型高等教育系统的东西，不再适合 21 世纪更大、更广、更多样的高科技教育系统了。这些变化不仅要求新的、与时俱进的导读，也要求新的介绍方法。本丛书的介绍方式，就是着眼于今天的学生而发展出来的。

丛书收录的每本书都有类似的结构。它们一开始的部分，都提供对每位思想家的生平和观念的概述，并解释为什么她或他重要。每本书的核心部分，都讨论了该思想家的核心观念，这些观念的语境、演化和接受（情况）。每本书也都以对该思想家之影响的审视——概述他们的观念如何被其他思想家接纳和阐发——作结。此外，每本书的书末，都附有一个建议和描述进阶阅读书目的部分。这不是一个"附加的"内容，而是全书不可或缺的组成。在这个部分的第一部分，你会发现对书中所涉及思想家的核心著作的简述；此后，是关于最有用的批评著作的信息，有时候也有一些相关网站。这个部分将引导你的阅读,使你能够跟随你的兴趣并发展出你自己的计划。丛书中的注释是按所谓的哈佛系统(在文本中给出作者的姓名和参引著作的出版日期,你可以在书后的参考文献中查到完整的信息)给出的。这种注释方式在极小的空间中提供了大量的信息。丛书也会对技术性术语加以解释,并用方框插入对一些事件或观念的更加细节性的描述。有时,方框也用于强调一些该思想家惯用或新创的术语的定义。这样,方框在某种程度上也起到了术语表的作用,在快速浏览全书时很容易找到它们。

丛书收入的思想家是"批判的",出于三个原因。首先,我们按照涉及批评的主题来考察他们:主要是文学研究或者说英语和文化研究,但也涉及其他依靠对书本、观念、理论和未受质疑的假设进行批判的学科。其次,他们是"批判的",因为研究他们的作品将为你提供一个"工具箱",这个"工具箱"将服务于你自己的有理据的批判的阅读和思考,而这一阅读和思考,将使你成为"批判的"。再次,这些思想家之所以是批判的,因为他们至关重要:他们与观念和问题打交道,这些东西能够颠覆我们对世界、对文本、对那些想当然地接受的一切的常规理解,给我们对我们已经知道的东西一种更加深刻的理解,给我们新的观念。

没有导读能告诉你一切。然而,通过提供一条进入批判思考的道路,本丛书希望让你开始参与这样一种生产性的、建设性的、可能改变你一生的活动。

致　谢

我要感谢托尼·布朗（Tony Brown）和我一起讨论福柯的思想，我们对那些宏篇大论的批评理论相当怀疑。另外，我还要感谢谢菲尔德哈勒姆大学（Sheffied Hallam University）的研究生们，他们带着开明与批判的意识走进福柯的作品，并关注了福柯作品中复杂而有意义的地方。罗伯特·伊格尔斯顿（Robert Eaglestone）可以说是一位很有思想且认真严谨的编辑。

我知道，考虑到一个人如何希望并相信他能够把"自身"的某些事情说出来，当他要求自己说出这些的时候，如果打断、解析、合并、重组这些内容将令人难以忍受，此时原作者早已面目全非，根本无法辨识。如此多的词汇聚集在一起，如此多的纸上标记呈现在无数双眼睛面前。这些标记所保存的内容远远超过手势所表达的，一颗虔诚的心将它们保存在人类的记忆中——在这之后，追溯它们的根源时，会发现两手空空，在它们之中寻找平静，会发现一无所获。空无的生命已经终结，可它们是否还在继续？说起来，我并非在驱除我的死亡,而是在建立它,也不是⋯⋯我压抑着整个内心,对外部世界保持着沉默,它们对我的生命而言无关紧要,我的生与死之间没什么区别,因此我保持**中立**。

(Foucault 1991a/1968:71)

为什么是福柯？

米歇尔·福柯（Michel Foucault, 1926—1984）一直是批评理论界最重要的人物之一。他的理论在很大程度上与权力、知识、话语有关，对后结构主义、后现代主义、女性主义、后马克思主义和后殖民主义理论都有重大影响。福柯的作品也对其他的学科领域产生了广泛的影响，从社会学和人类学到英语研究和历史学。然而，叛逆与挑战是福柯理论的特质，这也意味着他的思想没有被轻易地接纳。相反，它们引发了激烈而多样的争议——该争议可以追溯到福柯作为重要理论家的 20 世纪六七十年代，并且延续至今。

他的作品，诸如《疯癫与文明》（*Madness and Civilisation*, 1967）和《规训与惩罚》（*Discipline and Punish*, 1975），可以看作对社会环境的历史分析。比如在前者中，福柯分析了疯癫与理性之间界线的发展；而在后者中，福柯则追溯了社会对罪犯惩罚方式的演变。然而，他的作品并不仅仅只分析社会环境，同时也去分析人们对社会环境所作的分析是建立在哪些基础上。我的意思是说，在福柯看来，我们的分析方法很大程度上决定了我们能观察和了解到什么。

在某种程度上,当我们进行社会环境分析时,不得不分析一下我们对该事物所采取的视角。因此,比方说,福柯的作品不仅是对疯癫与理性之间差异展开分析,也是对我们如何看待疯癫,以及每一个社会如何界定疯癫与文明之间的差异,并固化这种差异进行分析。

福柯的作品让很多人感到困惑,因为他并不提供一个简单的政治学分析,换句话说,他似乎是在向解放了的政治学致意,同时,也是在削弱这种立场的所有可能性,正如查尔斯·泰勒(Charles Taylor)所说:

> 福柯某些最令人感兴趣的历史分析,虽然它们是高度原创,但似乎是朝着批评思想的老路展开的。也就是说,它们生动地展现了已经发生的事和历史的变迁,并提出了批判。因此,对于一些历史中的尚未被意识到或被压抑的观念,如何去挽救它们,我们有更好的理解,但是福柯本人拒绝了这个暗示。福柯打破了我们曾经或许抱有的希望:由于我们对福柯的这些分析的理解,我们**确信**存在一些美好的东西。同样的,福柯似乎提出这样一个问题:"是否存在这样一个摆脱困境的**办法**"。这是相当矛盾的,因为福柯的分析似乎是把**邪恶**带入了光明;他想让自身远离这些难以逃避而必须跟从的暗示,这一暗示认为拒绝或者战胜这些邪恶将走向美好。
>
> (Taylor 1986:69)

因此,福柯批评性地分析了以下主题:社会管理者惩罚方式的区别(在《规训与惩罚》中)。对 19 世纪某些妇女所遭受的歇斯底里症状的分类(在《性史(第一卷)》[*History of Sexuality, Vol. I*, 1976]中),或者是在不同社会形态和不同时期同性恋的表现(在《性史

（第二卷）》[History of Sexuality , Vol. Ⅱ ,1984]中）。这些批评性分析可以引导我们去设想福柯是通过坚定的批评立场、清晰的政治宣言进行分析,论证社会变革。可是他的分析并不能为我们的批评提供一个简要的观点。那些抱着寻找清晰的政治议程希望的人,当他们阅读福柯的作品时将感到失望,并将发现福柯使我们完全质疑了我们本身所固有的政治立场。

在福柯作品中还有很多矛盾之处,这本书的目的并不是简化 3这种难度,以再现他作为一个伟大批评家的形象。未来的批评家将在批评思想中看到一些矛盾之处,这是批评思想的本质:这些矛盾因素构成了理论作品的新方向的基础。事实上,为了思考得更加深远,福柯本人已经意识到了自身作品中的一些困境并且经常在这些问题上迂回。在 1983 年的一次采访中,福柯回应了人们对他的谴责,因为有些人认为福柯拒绝把自己限定在某个特定的理论立场。他说:"当人们说'好吧,你在几年前考虑这些,而现在你却在说其他事情',我的回答是'是的,你们认为我那些年一直（像一条狗一样）工作着,说着同样的话,没有任何改变？'"（Foucault 1988b:14）。因此,福柯看到了立场的改变,重新思考了过去的作品,这是他思想发展的关键部分;他从不认为一个人思想的进步必须遵从直线的轨迹,即作者从不成熟走向成熟,以直线的方式发展他的思想。但是福柯认为,尽力批判一个人的立场,但不要认为他已经到达了某个主题最后真理的高度,这非常重要。

在福柯的作品中,这些矛盾之处可能催生了最具争议性和生产性的批评思想。比如说,福柯对"话语"（discourse）复杂而充满矛盾性的定义,使得很多的理论家更加谨慎的定义他们的术语,这一点我们将在第 3 章讨论,理论家通过关注诸如"意识形态"（ideology）这样的话语,在表现话语和意识形态之间的关系时,他们有了更加明晰的立场。可是，不能将福柯的作品缩减为话语，他对于主题有一个宽泛的横向的思考，这些主题包括机构的结构特征和功能，我们对知识、疾病、疯狂、规则以及性的概念，都保存在作为整体的机构和社会循环中，这也使得他的作品吸引了很多研究者和学生。他对规则界限的反经典方式，他拒绝被规训的态度也吸引了很多人。在1983年的一段采访中，福柯声称"在法国，你得成为一个哲学家，一个马克思主义者，一个现象学家，或者一个结构主义者，我坚持不做其中任何一个"（Foucault 1988b：8）。通过将这些立场描述为限制性教条，可以将那些已经采取理论性立场的人解放出来，这就好像参加一个宗教团体或政党的聚会，要求完全不假思索地接受一套理念和信仰。不过，我们可以把这些看作是福柯夸大性的叙述，因为这些政治和理论的立场仅仅被看作生产性的结构和工具，是用于创造批评想法的。然而，正是这一特性冲击着传统规则的界限，福柯的理论也因此吸引了广泛的人群，这些人一直受制于他们自身主体领域的框架中，被观念严格控制。

　　福柯的作品同样也吸引了很多读者，因为他成功地使这些理论摆脱了主体（subject）和经济（economic）的概念，这两个术语都是精神分析理论和马克思唯物主义的基础概念，它们支配着福柯所在的那个年代知识分子的生活。从本质论那里我们可以看到对主体和经济概念的依赖，以及对男人或女人概念的依赖，他们假设在观念或差异间存在一个坚实的基础，比如说，性别或种族的差异。福柯尝试摆脱主体的观念，也就是说，他试图去思考人类社会的运行形式，这一思考并未根植于他对个体审视的分析中。他也尝试摆脱经济的概念，在很多分析中，财产所有权和资本积累都是最重要的因素，但福柯在社会力量的分析中，剔除了这些因素。福柯没有否认主体和经济在社会生活中的作用，他感兴趣的是，对于那些被认为是固定不变的要素，不要减少对其重要性的分析。福柯想分析的并非是那些已经在前人的理论作品中发挥很大作用的概念。他所关注的是主体或经济运行的方式，尽管它们看起来有不证自明的特点，事实上这些特点相当不稳定。福柯想说的是这些观点随时间会发生变化，我们所使用的这些概念都有一段历史和使用的动机，它们本身应当被考察。

也许福柯作品中最令人感兴趣的部分和最易引发持续性分析 5 的是他的怀疑主义。在某种程度上，福柯激进的怀疑主义是更一般的哲学和政治学追问的部分，在1960年代和1970年代，这些因素被看作是常识，开始被视为是意义重大的意识形态。在那个时代，不少马克思主义批判家，比如路易·阿尔都塞（Louis Althusser，1918—1990），分析了日常行为的独特概念和形式，并把它们纳入批评分析中，福柯把这一探究的类型拓展到人文科学本身，所使用的工具和方法也是我们在日常生活中常使用的那些。福柯作品中最吸引人的，是他用一种近似于禅宗（Zen-like）的方式把他可能要说的东西推向极致，挑战我们的理论框架中的每一个因素和概念，而我们正是用这些框架进行思考。

带着这样的怀疑去横向地思考主题，这其中包括激进的反转的使用和对那些被定义为常识的知识的批评。因此，诸如路易·阿尔都塞这样的马克思主义理论家，对我们每个人都能接受的那些自证的真相这一知识类型作出了怀疑（Althusser 1984）。因此，福柯并未接受这样一个常识，即那些被划分为精神失常的人应当被监禁，因为人们害怕他们可能会伤害自己或其他人，为了能够让他们得到照顾和治疗，福柯在《疯癫与文明》中关注了疯癫的概念在理性建构中所起的本质作用。在维多利亚时代催生出对性表达方式的沉默，但福柯没有接受该时代对性的压抑，事实上，他在《性史

（第一卷）》作了说明，该书导致了关于性的话语的扩散，使得"性转变成话语"（Foucault 1986b）。最后，考虑到语言仅能反映基本现实，福柯在《知识考古学》（*The Archaeology of Knowledge*, 1972）中声称话语决定我们观察到的现实，正如许多格言都是一些复杂问题的简化表达，它们为人们尝试分析过去提供指导，而不是强加在老生常谈的观点之上。福柯的作品包含这些内容，它们有时候很难读懂，改变了我们熟悉的观点。不过，它们不可能说出一切，恰恰相反，福柯试图勾勒出分析的类型，这一类型能够摆脱所有的确定性和基础。

在福柯作品中，一个讨人喜欢的因素或许是他的好奇心，这也正是在其他理论作品中缺乏的。人们觉得福柯常常质疑某些被人们描述过的经验领域，当他试图明确表达是什么动机促使他如此时，他写道：

> 它是好奇心——唯一的一种好奇心……它值得在一定程度上采取固执的态度；不是那种试图去同化人们已经知道的东西，而是使人能够从自身解放出来。毕竟，对于知识的价值，如果它只带来一些知识量，以这种或那种方式……认识者将迷失自我？在人的一生当中，他会有那么几次以不同的方式思考自己曾经思考的东西，以不同的方式观察自己曾经观察过的东西，这对于一个人寻找和反思真理是必不可少的。
>
> （Foucault 1985:8）

福柯试图以更有意义的方式去看待社会中我们认为是自证的那些问题，去追问这一点可以说是充满孩子气的固执。

在批评理论界，有一个共识，即一个人必须与某个理论家达成共识,在引用他们作品的过程中,他们把自身定义为某一特殊类型的人。因此,使用某人的理论作品并非只是对他的思想感兴趣,也是向他人描述自身。在 1970 年代以前,那些信奉激进政治思想的左翼人士和渴望打破旧习、展现自我的人,都极力追捧福柯。许多理论家和批评家使用福柯的思想作为接近主体的方法,而不是将其作为一套原理或规则。地理学家丹尼尔·克莱顿(Daniel Clayton)说:"有这么一群思想家,仅仅因为你提到了他们的名字,在某种程度上他们就成为你的一部分,对我而言,这个思想家就是福柯"(Clayton 2000:xiv)。福柯作品大受欢迎的一个更深层次的特点在于,他没有发展某个理论——深思熟虑的理论,而是试图摒弃体系化的结构,然后去思考。福柯鼓励读者改造他的作品,而不是奴隶般地跟从他的作品。在 1975 年法国《世界报》(Le Monde)的采访中,他说:

> 一本书的使用不应当被他的作者所限制。而应当有更多的、全新的可能性或难以预料的使用方法,这样我会更开心……我所有的书几乎都不是工具箱。如果人们想打开它们,使用某个句子或思想作为螺丝钉或扳手,用来破坏、诋毁权力体系,包括在我的书中出现的东西……那将更好。

(Foucault,引自 Patton 1979:115)

虽然对于我们当中一些人——他们仅仅想从福柯那儿获取引证来证明自己的论点,这一点很有吸引力,但是这一理论的方法明显存在严重问题。至少事实如此:如果他的书能够作用于一切,如果句子可以从文本中拿出来去支撑读者想要的任何论点,那么,福柯的理论与任何人的论述将没有任何区别,在较高的抽象理论水平上看的话也不能被视为一个特殊的争论点。福柯的作品不能用来证明法西斯主义的合法性，或者用来否认大屠杀的存在，这一点毫无疑问。

这些关于福柯作品复杂性和矛盾性的评论，应当会使我们在简单"使用"（using）福柯时更加谨慎。虽然我对这本书的结论有充分的论述，但我们也需要认真对待福柯作品中"适用"（applying）的概念。这里有一个潜在问题，福柯是一个大男子主义者，或者说他是一个男性至上的思想家。他的作品所体现出来的性别歧视问题不能简单地通过在他的分析中加入妇女来解决；分析他的大男子主义，意味着福柯作品的读者不得不从根本上重新思考问题，福柯只关注男人，这扭曲了他原有视野的其他方面。因此，我们不能认为他对我们所有的理论问题都给出了答案，我们应当把他的作品视为思考的源泉，而不是一味盲从，我们也应当意识到福柯的缺陷和理论盲点。

关键思想

1

福柯的智识和政治发展

这一章把福柯的智识和政治发展置于福柯在法国的事业早期的大背景中，因为福柯的思想与政治和智识气候之间有一个有趣的辩证关系：1968年的事件对福柯的思想产生了重大影响，福柯在当时的事件和理论著作中都扮演着重要角色。不过我认为，阅读福柯传记或1968年的历史事件，由此窥探福柯理论文本的意义，这在福柯看来似乎很可笑。在他的论文《谁是作者》（Who is an author?）中，福柯认为："批评的任务不是阐释作品和读者的关系，而是通过它的结构、它的体系、它的内在形式、它的内部关系的演绎，分析作品"（Foucault 1986a：102）。但是，福柯表示，他关注一些特殊的主题不是因为它们在理论上吸引他，而是因为这些主题与他的个人经历产生共鸣："无论何时我试图写出一个理论作品的片段，它都是以我的个人经历为基础的，通常与发生在我身上的事有关。我想我可以认出我见过的东西，我打交道的机构，我与他者、裂缝、沉默的冲击、故障之间的关系……我承担着一个作品的特殊片段,一些自传的片段"(Foucault,引自 Eribon 1991:28-29)。因此,在阅读了福柯的传记材料后,我不打算把他塑造成一个固定的形象,把他定位成一个拥有"深刻"动机、创造力或是"意图"的人,仿佛他是小说中的完美角色(Foucault 1986:110)。我认为,福柯生活的细节已经被他者重构,"我们称之为作者的这个人,他的方方面面仅仅是一个投射,他几乎是一个心理学名词,我们强迫文本承担人为制造的联系、相关性和一致性,以及排斥性"(Foucault 1986:110)。不过,出于教授和解释的原因,这里的有些例子可以说明,使用某些传记细节和社会历史细节能帮助我们走进福柯的作品,更好地理解他的作品,对那些贴着"米歇尔·福柯的一生"标签的事件,我们不必具体化。因此,我在这一部分将尽量避免使用因果关系分析福柯生活中的事件和他文本的重点,不过,我会呈现出福柯作品与法国这一时期智识和政治生活斗争的关系。对那些不熟悉 1968 年事件的福柯研究者,有一些在他作品中看起来令人困惑或很难理解的地方(例如,他和马克思主义的关系,他自己的政治立场,他和同性恋的关系)。通过审视这一时期巴黎知识分子所处的社会环境,我们可以了解哪些行为方式和思考方式是他认可的,哪些是他可以协商或者挑战的。但首先需对福柯职业生涯的开端有个简单的了解。

福柯于 1926 年出生在法国的普瓦捷(Poitiers)。虽然他受到的大部分学术训练是哲学,但是他获得的第一个高等学位是心理学,并拿到了病理心理学的文凭。他在海外工作的时候,曾在一所大学担任哲学和心理学讲师,同时也是一位法国文学和语言学的老师。他在一些大学和文化中心工作:瑞士的乌普萨拉(1954),波兰的华沙(1958)和德国的汉堡(1959)。同年,他成为法国克莱蒙—费朗大学(Clermont-Ferrand University)哲学系的主任。1961

年,福柯完成了关于疯癫与理性的哲学博士论文,并将它出版为
《疯癫与文明》。接下来几年,他出版了一本关于雷蒙·鲁塞尔
(Raymond Roussel)诗歌的书。1963 年,发表了《临床医学的诞生》
(*The Birth of the Clinic*)。1966 年,福柯到突尼斯教学,后又回到法
国,担任万森纳大学(Vincennes University)[1] 哲学系主任。1969
年,他发表了《知识考古学》(*The Archaeology of Knowledge*)。1970 年,
福柯成为法兰西学院思想体系史教授。1975 年,福柯发表了《规训
与惩罚》。1976 年,开始发表三卷本《性史》。1984 年福柯去世。
从对福柯的广泛分析中不难看出,了解他的作品相当不易。他的
作品反映了智识和政治激进主义的背景,但对改革同样起了重大
的作用。

　　1960 年代和 1970 年代对福柯和其他法国乃至欧洲的激进知
识分子而言,都是一段非常重要的时期。因此很有必要描述一下
当时发生的重大事件,以及福柯在整个 70 年代的想法和政治行
为。同样,考虑福柯思想所处的环境也非常重要,这样可以了解福
柯在多数情况下作为反独裁主义和激进思想的先导。马克思主义
历史学家克里斯·哈曼(Chris Harman)强调,1968 年并不仅仅是
法国发生一系列学生游行示威的年份,也不只是嬉皮士文化盛行
的年份,而是:

　　　　1968 年,动乱冲击了至少三个主要政府机构,这让生活在
　　底层的年轻人心中燃起了希望之火。那一年,世界上一个小
　　国的农民武装站在了人类有史以来权力的最高峰;那一年,美
　　国的黑人贫民区抗议他们非暴力领袖——马丁·路德·金被

1　即巴黎第八大学(Université de Paris Ⅷ),又称万森纳-圣德尼大学(Université Vincennes
　à Saint-Denis)。——译者注

谋杀;那一年,柏林城因为一场对抗分割势力的学生运动,成
为国际焦点;那一年,催泪瓦斯和警棍被用于推选美国民主党
大会总统候选人,而该候选人在每次的初选大会上都遭到选
民拒选;那一年,俄罗斯的坦克闯进了布拉格,取代了迫于民
众压力不得不做出让步的"共产主义"政府;那一年,墨西哥政
府为确保奥运会能够"和平"进行,屠杀了100多名游行示威
者;那一年,针对德里和贝尔法斯特歧视的抗议点燃了北爱尔
兰宗教主义者的火药桶。总之,那一年,法兰西经历了史上规
模最大的罢工,一度导致政府瘫痪。

(Harman 1998:vii)

在很多其他国家,像智利、印度、巴西和巴基斯坦,这些发生在法国
的事件对它们后来几年的政治事务产生了深远影响。虽然对于
1968年的描述可能被马克思主义者和国际主义者夸大,但它真实
反映出这些事件对全球政治思想和行动的影响力。

在1960年代早期,一些政治思想中存在着一种反独裁主义倾
向,这些人反对现状或当前的政治制度,这些想法在一个较为广泛
的人群中流行起来,并且吸收了美国新帝国政策和欧美间深厚的
种族歧视主义。这一批评也通过分析日常生活中平凡且重要的事
件崭露头角,比如在大学里谁向谁做演讲,谁在家洗碗。在这些场
所,个人事件成为政治事件。福柯认为这种政治定义泛化的转向
意义重大,他在1969年接受记者采访时表示:"政治的边界发生了
变化,像精神病学、监禁和人口的医疗化已成为政治问题"
(Foucault,引自Macey 1994:217)。所有那些表示抗议,哪怕是以
不起眼的方式反对法国大学政治激进派镇压活动的人,都被归类
为亚文化或反文化的一分子,其中垮掉的一代和嬉皮士表达了他

们对资产阶级价值观和唯物主义的公开拒绝。许多反战抗议活动，其中，最著名的是反对美国对越南的干涉。正是在这种知识分子质疑政治激进主义的背景下，福柯对有关常识类别、价值观、政策和行为方式进行了彻底的思考，这为他的写作提供了素材，作品得以发展。福柯的作品被大量学生和学者购买，因为他们试图阐明这些激进思想，通过它们与所有既定的思维和行为方式做争论，这为他们提供了一个思考权力问题的框架，而这一问题正是重大政治审讯关注的焦点。

　　其中经常紧随批评而来的一个问题是关于福柯政治立场的问题，因为福柯关于这个问题的著作非常矛盾。像当时许多知识分子一样，福柯在 1950 年加入法国共产党。不过，福柯和很多人一样，很快就离开了党组织。党的教条主义作风和支持苏维埃政权1956 年入侵匈牙利的行为，让这些人感到幻灭。党把同性恋视为资产阶级恶习加以谴责。从那一刻起，福柯离开了党，成为极端的反共人士。

　　福柯与马克思主义的关系很复杂，这种关系可以从他与法国共产党间对立和批判性的关系来理清。事实上，福柯主张"一个减负的和自由的马克思，而不是一个被教条制约的党派"（Foucault 1988c：45）。福柯多次承认他对马克思思想的借鉴。在分析权力关系和经济差异在决定社会结构的作用时，他的作品中有许多元素显示出马克思主义分析的深远影响。但同时，福柯对很多马克思主义思想都作出强烈的回应。从根本上讲，福柯纯粹是把自身从经济和国家中心的焦点中隔离出来。他强调权力需要重新定义，国家的角色和经济的功能需要一个彻底的修正。他或许应该和马克思主义者进行一场谈判，在福柯看来，马克思主义的分析框架不应当以任何简单的形式运用到 20 世纪六七十年代法国复杂的社会结构中。正如他所说的："马克思主义存在于 19 世纪，就像鱼存在于水中，可以说，它无法在除此之外的任何地方呼吸"（Foucault 1970：274）。

关于福柯在政治上参与的性质和程度，理论家对此有大量讨论。福柯自己似乎认为没必要有一个全面充分的政治立场，因为就某些方面而言，他对于不得不遵守党派的路线表示抗议："我认为，我其实是被置于政治棋盘上，一个接一个，有时是同时进行：像无政府主义者、左翼、招摇撞骗者或者伪装的马克思主义者，明确的或秘密的反马克思主义者、戴高乐主义的技术官僚、新自由主义者等。……这是真的，我宁愿不认识我自己，人们以各种不同方式对我进行评判和划分，这把我逗乐了"（Foucault，引自 Macey 1994：xix）。这样令人怀疑的非政治立场很容易招来批评，因为它只不过是把激进主义推向了无政府主义的极端：沃尔泽把福柯的政治活动归类为"初期的左倾主义……比起所有政治斗争中最激进说法的终点，这连认可都算不上"（Walzer 1986：51）。巴特基也批评了福柯，认为他本质上采取的是消极的批判立场，她认为这种立场近乎悲观（Bartky，引自 Sawicki 1998：97）。然而，在 1968 年的期刊文章中，福柯通过和其他政治形式（例如，人们可能会认为是马克思主义）作对比，描述了他的进步政治概念：

> 进步的政治认可实践的历史性和特定的条件，而其他政治只承认理想生活的必要性、决定的明确性和个体主动性的自由交互。进步政治在实践中，在转化的可能性和相关性中被定义，而其他政治依靠的是变化中的统一抽象物或奇迹般出现的天才。
>
> （Foucault，引自 Macey 1994：195）

因此,政治并非是以伟大的领导人为中心,他们对未来充满乌托邦式的愿景,这意味着他们的追随者必须采用一套信仰,而福柯更倾向于把政治纳入当下改革的可能性中发展和描述。

福柯试图构建一种进步的政治学,该企图很明确,为此他并非不关心政治,而是致力于从更广阔的视野看待政治,而不是把政治看作只与党派政治有关。事实上,进步政治的本质正是福柯大力运用的东西,他问道:

> 进步政治是否依赖于意义、起源,构成性主体,总之,所有这些主题是否是用来确保历史上逻各斯的无穷在场,确保一个纯粹主体的主权,一个原始目标的深层目的论? 进步政治是否就与这样一种形式的分析——而不是质疑它的分析——联系在一起? 该政治是否注定是动态的、生物的、进化论的隐喻? 这些隐喻是否用于掩盖历史变迁中的困难问题——或者恰恰相反,掩盖那些小心翼翼的破坏? 而且,在进步政治之间是否存在必要的亲属关系? 是否拒绝承认话语是一个浅度透明的、瞬间闪闪发光的东西,它存在于思想的边缘,然后消失?
>
> (Foucault 1991a:64-65)

17

这里,福柯似乎在试图建立生产性政治活动的基础,并不赞成个人在实现政治变革中的作用这类不确定的假设。可以说,一个对历史和政治变革中匿名的不连续性的分析感兴趣的理论家,会有效地淡化个人在转型社会中的作用。然而,不能认为福柯完全否定个人在政治变革中的作用,所有他试图强调的是,人类不是“所有变革的操控者”(Foucault 1991a:70)。

福柯试图在他的政治分析中摆脱政治的抽象概念,并且更多地是在局部的行为和交互中建立政治基础。然而,这一举动却使对操控权力关系的分析更加复杂:"如果说'一切都是政治'意味着去认识无处不在的力量,并渗透到一切政治领域;但它本身的大体任务是解开这种不确定性的链锁"(Foucault 1979c:72)。从某种意义上说,福柯促使我们去分析我们所说的政治到底是什么;在他对什么是政治的重构中,"人们不再将权力征服作为政治斗争的目的;这是权力(和真理)的经济本身转变的问题"(Patton 1979:143)。

虽然许多人批评福柯在他的理论作品中破坏了基本政治立场的可能性,但他们也承认,在1960年代和1970年代,福柯在政治上很活跃(虽然其中一些人质疑福柯介入政治的实质和成效)。在1968年底,他被任命为新的实验性的万森纳大学的哲学系主任,该大学成为学生政治活动的温床。福柯似乎在骚乱中起着相当积极的作用;他的传记作者,迪迪埃·埃里本(Didier Eribon)指出:"有人看到福柯手中拿着铁棍,准备与激进的共产党人并肩战斗;见到他正朝那些警察扔石头"(Eribon 1991:209)。到1970年,哲学系许多课程的标题含有"马克思—列宁主义"这类词语,为此哲学系的教学受到教育部长的批评。部长决定,从万森纳大学来的学生将没有资格成为中学教师。该部门随后遭到批评,因为它似乎没有举行传统意义上考试。在万森纳大学待了两年后,福柯离开那儿了去了著名的法兰西学院。

福柯于1970年代参与建设监狱信息小组(Groupe d'Information sur les Prison),对他而言,掌控支配地位的重要性日趋明显。该组织成员包括来自广泛的政治光谱中的知识分子、活动家和前科犯,他们试图让人们注意到法国监狱的残酷环境。有一句福柯式经典格言,福柯在一次新闻发布会上说:"他们告诉我们,监狱人口过

多。但是,如果它是被迫过多的呢?"(Foucault,引自 Macey 1994:
258)他想对监狱的结构做出改变,不是通过那些代表囚犯的自由
主义改革派团体曾经发动的运动,而是通过开放囚犯的交流渠道,
使他们能为自己说话。由该小组组织示威,与监狱外的囚犯家属
讨论情况,向囚犯和他们的家人分发调查问卷,公布调查结果的报
告。1971 年,福柯在"健康"(La Santé)监狱外散发传单时被逮捕。
自从囚犯群体被充分组织起来以后,该组织停止了活动。(在福柯
的《规训与惩罚》[1975]中,关于惩罚和监禁方面有进一步的探讨,
另外福柯出版了《我,皮埃尔·里维埃》[*I, Pierre Rivière*,1973],一
个杀人犯的忏悔,他承认杀害了家庭成员。)

　　除了这些政治活动,福柯也支持多项政治运动。1966 年,福柯
在突尼斯生活并在那儿工作,他曾声援当地罢课的学生(Macey
1994:191,205)。1968 年巴黎事件发生时,福柯在突尼斯,但他对
发生的事件有着浓厚的兴趣。1969 年,福柯回到法国,在万森纳大
学担任教学职务,在一次大学的学生活动中被逮捕(Macey 1994:
209)。在 1971 年至 1973 年,福柯参与了大量反对种族主义和越南
战争的示威游行,并且签署了众多的请愿书。他还于 1975 年飞到
西班牙,当时西班牙政府打算对巴斯克独立派的两名成员执行死
刑,福柯是反对的代表之一。当然,福柯也和其他成员一起,被西
班牙驱逐出境。他还参加了对苏联异议分子的处理活动,以及在
波兰的团结工会运动,并且在伊朗写了关于革命的局势的文章(它
横空出世,不幸赞美着"错误"的一方)(Foucault 1988f)。他的政治
批判行为不仅扩展到针对那些掌权的和那些右翼的人士,因为在
他短暂地加入共产党后,又成为彻底的反共产主义者。

　　尽管福柯把性看作是深刻的政治问题,并对同性恋问题进行
了相关论述,特别是男性在古希腊社会的性行为,许多人批评福柯

不曾公开自己的性倾向,也不曾参加任何同性恋权利斗争(Foucault 1978)。考虑到福柯由于同性恋的关系被迫离开波兰,并且很可能因此未获得高级职务,所以他不愿承认自己是同性恋并不奇怪(Eribon 1991)。然而,值得一提的是,1979年福柯在巴黎给一个同性恋会议做讲座,并于1982年,在多伦多参加了一个以同性恋为荣的游行。有意思的是,虽然长期从事同性恋文化研究(在他生命中,有一个长达25年的男性生活伴侣),但他对同性恋文化中的某些倾向持批判态度。他希望同性恋文化能创造"关联的方式,存在的类型,个体间交流的类型,这是真正全新的方式,既不相同,也不叠加在现有文化形式上。如果真有这种可能,那么同性恋文化就不仅是同性恋者的选择。在某个节点,它将创造一些关联性,可以从同性恋转移到异性恋"(Foucault,引自 Macey 1994:367)。1984年,福柯死于与艾滋病相关的疾病,由于他没有公布病情,一直饱受批评。事实上,在福柯发现自己是HIV阳性传染者后,有很多关于他性行为的流言蜚语,特别是说他故意将艾滋病毒传染给他人。(这些故事似乎是对同性恋的虚构的强烈反击,与现实并没有什么相似之处。)与1980年代相比,艾滋病更加普遍了,因此根据人们对艾滋相关疾病的态度和行为变化,我们很容易判断他人的行为。而这种不情愿可能有理论基础:当保罗·阿隆(Paul Aron)批评福柯不"坦白"艾滋病时,迪迪埃·埃里本问道,"是不是正是这个'坦白'的想法遭到福柯厌恶? 这种厌恶在他最后苦心经营的书中都留下了痕迹,摒弃、拒绝和抵制规则去说、去讲,让别人说"(Eribon 1991:29-30)。

　　有趣的是,在同一时间,福柯似乎扮演着参与政治斗争的法国知识分子的经典角色,他还为政府提出教育政策建议,1965—1966年他还坐在富歇评委会(Fouchet Commission)上评审中专及以上学

历教育,并且在1976年应邀参加政府的刑法改革委员会。福柯差点
被任命为教育部高等教育主任助理,但因为他的同性恋身份落选。
也有人说,他可能是ORTF(Office de Radio diffusion Télévision Fran-
caise,法国广播电视公司)的主任,这是一家国有电视网络。因此,虽
然福柯被认为是一个政治激进派,但他的职业生涯发展不错,一直
是高级行政职务的人选。他经常利用自己在法国社会中的权威地
位来揭示政治斗争。福柯的行为似乎是相当"特殊的知识分子"所
为,他用该术语来描述政治行为的新观点,而不是知识分子所假设
的那样,他/她会带领工人革命,知识分子在他们各自的专业领域
工作,从内部破坏压迫人民的政权(Foucault 1977a)。福柯以核科
学家为例,这些科学家批评政府的核武器政策。克里兹曼
(Kritzman)这样描述该形式的维权行动:"通过对政治技术的分
析——知识分子在这种体制下工作并试图构建一个新的政治伦
理,以便挑战生产真相的体制。政治活动因此成为社会特定结构
中对冲突的批判性分析,社会不容许知识分子进入意识形态解释
学的迷局中"(Kritzman 1988:xix)。他还请伊迪丝·罗斯(Edith
Rose)医生——在图勒(Toul)监狱工作的精神科医生关注,在1970
年代,那里曾发生过的叛乱。她对监狱条件提出抗议,福柯评论
道:"她置于权力系统之中,不是批评其运作,而是在特定的某天,
特定的地点,特定的情况下谴责已经发生的事情"(Foucault,引自
Eribon 1991:231)。因此,福柯以"特殊的知识分子"的政治活动为
例,利用他的公职去关注特定的政治运动,拒绝空想并压制了很多
政党的意识形态。

　　考虑1960年代和1970年代法国的政治局势固然重要,当时的
学术氛围也是需要考虑的重要因素。马塞认为,"福柯的一生也是
知识分子在法国的一生。没有什么变化是他的作品不曾反映的,

也没有什么发展是他不曾影响到的"(Macey 1994:1)。法国文化对哲学最大限度的接受,是这一时期法国知识分子生活的一个重要节点,甚至现在也是:哲学是中学教学大纲的一个组成部分,在一般知识分子讨论中起主要作用。只有在英国,哲学书籍的印数才会成为一个梦。例如在 1966 年,福柯出版《事物的秩序》(*The Order of Things*),一周之内,首印的 3 000 册被抢购一空,第二次印刷的 5 000 册也在六个星期内售罄,名列非虚构类畅销书排行榜榜首(Macey 1994:160)。到目前为止,11 万册饱受争议的哲学著作已销售一空(Eribon,1991:156)。

在福柯开始写作的时候,存在主义哲学家让-保罗·萨特(Jean-Paul Sartre,1905—1980)仍然在法国的生活和文化中发挥重要作用。萨特是一个坚定的政治型哲学家,一个非常活跃的公众人物,他不仅写作哲学论文,而且还写报道、小说和戏剧。在许多方面,萨特重新定义了很多概念,他认为一个含有政治动机的学术可以作用并影响公众舆论。萨特发展了存在主义哲学立场,存在主义关注的是在看似毫无意义的世界中,个人的经验和责任。福柯是对萨特的存在主义作出回应的一分子,在个人、政治和哲学层面,与萨特对话都存在很大的困难。福柯对他所谓的萨特的"意识哲学"做出回应,他把自己的作品发展成"概念哲学"的一部分(Macey 1994:33)。福柯也表示,萨特关注的是意义的分析,而他关注的是系统的分析(Macey 1994:170)。

休伯特·德雷福斯(Hubert Dreyfus)和保罗·拉比诺(Paul Rabinow)把福柯的哲学职业生涯分为四个阶段:第一个阶段,他在探索海德格尔式(Heideggerean)思想的可能性;考古或结构主义阶段;谱系阶段;以及最后一个阶段,他在关注伦理学发展的新模式(Dreyfus and Rabinow 1982)。福柯经常被归类为结构主义者,后

结构主义者,后现代主义者,新哲学家,也有人没安放任何类别给他——"非历史的历史学家,一个反人文主义的人文科学家,一个反结构主义的结构主义者"（Geertz,引自 Dreyfus and Rabinow 1982:iii）。因此,没人能轻易地给他的学术和理论分类。此外,异议和怀疑,比任何被动意义上的影响,更好地总结了福柯与其所处时代的智识境况之间关系的特征。不过,我会考虑福柯思想发展的阶段,这可能会帮助你对福柯的观点形成总体认识,我会在接下来的个别章节里详述。

discussed 讨论福柯职业生涯的发展或进展的想法可能会吓到福柯,因为他试图弄清的是,这些发展的观念是虚构的因素,它们强加于作者生活的事件中。人的生命是更为随机和缺乏凝聚力的。在他的论文《作者之死》（The death of the author）中,福柯认为"作者是写作的某种统一的原则——所有差异都不得不消解,至少部分是遵从进化、成熟或影响的原则。作者旨在消除一系列文本中可能出现的矛盾"（Foucault 1984:111）。我相信,他一定会憎恨把他发表的不同文本都统一在他的名下这一想法。因此他辩称:"一个人如何能做到把几种话语归于同一个作者?"在接受采访的多个场合,他声称,书应该匿名发表（Foucault 1984:110）。相反,他喜欢谈论"作者功能"——这一原则可以把作者的作品结合在一起——而不是作为个人谈论作者。此外,在他关于作者的作品中,他试图摆脱"全部作品"（œuvre）的观念,这种观念把一整套观念或关涉的概念看作虚构的,并首先把它看作一个批评家、评注者和教育机构用来使教学、检视和批判性的评注更加可控、更加易于思考的概念。

出于这些原因,也许与其他任何理论家相比,我们很难在发展的框架内描述福柯,例如,从前结构主义发展为结构主义,再到后结构主义。但是,我们可以在福柯的作品中看到一个特定的焦点,他不断地阐释和改写,这些议题在他早期的作品中已初见端倪。在福柯的读者看来,这组福柯经常提到的概念非常重要,这并非是在福柯的作品中强加一个虚构的凝聚力,而是在更大的话语框架内赋予某些意义,这样我们可以试着去了解他的作品。

正如我以上所述,我们可以看到,1960 年代和 1970 年代的政治和社会变化对福柯产生了重大影响,这也标志着在他作品中的一项重大转折。1960 年代之前,他的作品主要集中在分析知识和话语的匿名生产,例如《知识考古学》,但在 1960 年代以后,在作品,如《性史》(1976—1984)中,知识和话语的内部结构被视为是通过权力的相互关系以及对个体权力关系的影响产生的(参看第 2-4 章)。正是在这一点上,福柯变得非常关注历史。他从哲学和心理学转向历史分析,或许我们可以把这看作是他试图在哲学和心理学分析中融入历史分析,因为,根据唐纳利的说法,他把历史看作是"清理超自恋的思想"的一种方式,这是一种思考现在和过去,而不注重自由个体进展的方式(Donnelly 1986:16)。福柯转向历史并没有受到历史学家的欢迎,因为他漫不经心地使用历史记录,毫无节制地引用文献资料。此外,我们可能会认为,传统的历史的目的是为过去的事件提供一个解释框架,而这遭到福柯的拒绝。他用历史的方法来分析学科自身的发展,并展示历史自身的必胜信念:"不是把过去看作是序幕,一个容易理解的部分,一系列事件向当下的展开,而是试图建立根本的差异性,它的差异"(Donnelly 1986:17)。因此,对福柯而言,过去并非不可避免地通往现在,历史的观点使得过去显得平庸;正是过去的陌生感使我们能够清楚地看到当下的陌生感。

福柯的作品从对客观的独立的话语分析转向关注权力的运作,他把这种转变称为从"考古学"到"谱系学":他早期的作品更关注考古学,而他后期的作品更关注谱系学。这些术语,考古学和谱系学,都与福柯密切相关。考古学是对不成文的规则体系的分析,这些规则生产、组织、分发"陈述"(即授权的话语),它(陈述)出现在档案文件里(也就是有组织的陈述主体)。福柯把档案描述为"陈述形成和转化的常规系统"(Foucault 1972:130)。(这些"陈述"和"档案"将在第 3 章做更加详细地讨论,也将区分考古学和谱系学。)肯德尔和威克姆是这样描述考古学的:"考古学可以帮助我们探索在社会组织中说了什么,看到了什么:在考古行为中,人们发现一些关于'打开'陈述的可见性和一些关于'打开可见性'的陈述"(Kendall and Wickham 1999:25)。从这个意义上说,考古分析可以看作是在档案中的话语允许被权威地陈述的基于历史的研究。考古学分析是对话语中规律模式的描述,它关注一些陈述转化成其他陈述的方式,以及一些陈述区别于其他陈述的方式。因此,这种类型的分析主要关注不同陈述间的关系,它们组合的方式,以及某些陈述得以出现的条件。考古学分析不是解释性的,也就是说,它对过去发生的事不提供解释——它仅描述发生的事情和事情可能发生的话语条件(discursive conditions)。正如我在这本书最后一章要说的,缺乏解释是福柯作品的另一个元素,他的作品令很多人感到失措和不安,并因此被简单忽视。

25

谱系学从考古分析中发展出来,它更关心权力的运作,描述"当下的历史"。它是历史分析的一种形式,描述过去的事件,但不给出明确的因果关系,如唐纳利所说:"它可能无法满足某种渴望解释的人,但这正中福柯下怀,他意图让那些渴望落空,且只提供'史实文件'"(Donnelly 1986:24)。福柯对谱系学分析的关注不是集中在"真理的分析",他认为许多哲学家在过去已经做过了,他们分析的是,话语或命题为真的条件。而福柯的关注是"我们自身的本体论",也就是说,用分析的目光来看,我们作为个人的存在,是什么原因导致了以这种方式存在(Foucault 1988a:95)。肯德尔和威克姆认为,"在极端的情况下,谱系标记我们,标记我们"自身":似乎我们是为了预见偶然性,它使我们成为我们之所是,使我们能以我们不曾思考过的方式思考,以我们不曾存在过的方式存在。它是我们追求自由的工具"(Kendall and Wickham 1999:30)。在考古学和谱系学分析中,斯马特看到了细微的差别;他认为:"考古调查是对无意识规则之形成的分析,这些规则调节着人文科学中话语的出现。与此相反,谱系学分析揭示了人文科学的出现,其存在的条件不可避免地与体现在社会实践中的权力的特定技术相关"(Smart 1985:48)。

　　有些理论家认为,谱系学和考古学只是一种方法论的两个方面。但是,我认为它们可以有效地区分,不是独立的方法论,而是不同的观点。肯德尔和威克姆认为,这两种方法之间的区别如下:"考古学为我们提供一个经由话语联结的快照、片段;谱系学注重话语网的过程性——它的持续性特征"(Kendall and Wickham 1999:31)。福柯认为:"如果我们把它定义为两个术语,那么'考古学'是分析局部话语性(local discursivity)的正确方法论,'谱系学'将是在描述局部话语性基础上,使得被支配的知识得到释放并发挥作用的策略"(Foucault 1980a:85)。

　　从考古学的角度转移到谱系学分析,从注重客观作用转移到注重分析复杂的权力关系,福柯也因此被看做已从结构主义转向后结构主义阶段。在他的结构主义阶段,福柯与很多《如是》(Tel Quel;文学理论刊物)团体的成员有联系,其中包括罗兰·巴特(Roland Barthes,1915—1980),朱莉娅·克里斯蒂娃(Julia Kristeva,1941—)和菲利普·索莱斯(Philippe Sollers,1936—)。马塞是这样描述《如是》团体的:"他们是文学的毛主义的思想家团体,也许与其他组织相比,他们使大学里的文学和哲学研究更加激进"(Macey 1994:151)。与巴特和克里斯蒂娃一样,他被当时的知识分子贴上结构主义的标签,这些理论家试图从关注创造性作家的天才人物,转向分析文学和非文学文本的基本结构。不是分析作者塑造文本的意图,也不是假设作者超凡的创作权力,结构主义批评家背离作者,宣称该作者已经死了。在她/他的立场上,他们认为批评者应该关注文本本身和话语结构的客观性,比如塑造了文本的叙事,或者批评家应该关注读者在生成文本意义过程中的作用(Barthes 1968;Foucault 1984)。事实上,人文主义(即,相信每个个体在本质上不同于他人,并且该个体是现象获得意义的关键)是福柯在理论上愤怒的主要因素之一。在一次采访中,福柯认为:"我们目前的任务就是要彻底摆脱人文主义,在这个意义上,我们的作品是政治作品……所有的政治制度,东方和西方,打着人文主义的旗帜,走私伪劣商品……我们必须谴责这些骗人的把戏"(Foucault,引自 Macey 1994:171)。

因此,福柯的重点不是文学作品和作者的创造力,而是匿名的根本结构和一般话语的形成规则。正如他在《事物的秩序》导论中所说,他分析了发生在历史中的话语转换,它在一系列科学的特定解释类型中显现自身的规律性:

27

> 我想做的是……揭示一个积极的无意识的知识:它能够躲避科学家的意识,却是科学话语的一部分,不是去争论它的有效性或试图削弱它的科学性。对于自然历史而言,什么是常见的,经济学和古典时期的语法肯定不存在于科学家的意识中;意识的一部分是肤浅的,有限的,几近幻想的……但对

> 自身一无所知,博物学家,经济学家和语法学家采用相同的规则使对象符合自己的研究,形成自己的概念和研究对象,因为它们有特定的轨迹,我试图通过隔离来揭示,或许有些反复无常,我把它称之为考古学。

> （Foucault 1970:xi）

福柯从个体转向"人之死"的发现,转向对话语本身固有的客观判断力量的分析,这一阶段被标记为他的结构主义时期。（当提及福柯是结构主义者时,我们只能做假设,因为他与结构主义的关系相当薄弱,而理论家如路易·阿尔都塞、雅克·拉康（Jacques Lacan,1901—1981）、罗兰·巴特与朱莉娅·克里斯蒂娃以及米歇尔·福柯,他们之所以被看做结构主义者,可能是因为他们与自由人文主义的消极关系,而不是因为共同的哲学而结合在一起。）

　　福柯在结构主义阶段创作的反人文主义的作品,不是为了追溯个体的动机和意图,而是揭示在很长一段时期话语的运作。福柯追溯了历史在思想中的断裂或"不连续",它们发生在特定的历史时期,因此,他并不关注某些伟大思想家的重要性,或者思想史的趋势,而是关注那些根本的令人震惊的方向性变化,思考这类现象并作出解释。为了描述思考事件的总路径,以及话语被组织的一般方式,在《知识考古学》(1972)中,福柯创造了术语"认识型"(épistème),也就是说,知识的主体和认知的方法在特定时期循环。福柯认为,在古典与现代的开始时期都有一个重大的断裂,他要求用新的方法给信息分类和排序。因此,像当时其他许多理论家一样,福柯试图创造一种描述事件并作出解释的新方法,而无需涉及个体的人文主义思想。其他许多精神分析理论家关注裂隙本身,而不是人文主义本身;其他受马克思主义影响的理论家则探讨更为广泛的社会团体和机构而不是个人,因为他们认为关注个人是资产阶级的想法。然而,福柯试图在不参照个体和主体的情况下使之理论化,他这一时期的思想聚焦于匿名话语的运作,这些话语按照自己的动量和系统规则运行,超出人类影响和控制。

对于那些结构主义理论家而言,他们认为事件和现象都受到自发的内部规则和机制的约束,这造成了严重的理论问题。该理论家群体,包括福柯,发现了结构主义的思想困境,在很大程度上福柯被认为是后结构主义者。后结构主义由一个多样化的理论家群体组成,最引人注目的是解构主义者雅克·德里达(Jacques Derrida,1930—2004;他是福柯的学生)、朱莉娅·克里斯蒂娃、雅克·拉康和福柯,他们反对结构主义和固有结构的整体概念。后结构主义不是任何共同主题或信念的集合,而仅仅是因理论家对结构概念的反应走到一起。事实上,福柯和德里达曾有过相当猛烈的争论,导致福柯轻蔑地把德里达的作品说成是"次要的教育学"(minor pedagogy),它给予了批评家以特权(Foucault,引自 Eribon 1991:121)。在某些方面,后结构主义可以被看作是没有中心观念、核心或基础的理论。在这个意义上,福柯的作品可以被看成已从结构主义中心转向后结构主义阶段,但在许多方面,他并未完全采纳这些理论立场。

福柯思想的影响

从 1960 年代,以及 1980 年代苏联解体和柏林墙倒塌以来,马克思主义和唯物主义思想都发生了无法估量的变化。此外,批评宏大叙事概念(该概念提出了一个乌托邦式的未来,可以通过政治行动来实现)的许多后现代主义思想家,迫使一些诸如马克思主义的模式进行重构,这些模式具有明确的政治目标和历史进步性。

然而,马克思主义者为了重建社会主义模式,使用了福柯关于理论模式的思想,以此分析 21 世纪的政治问题。福柯的思想是"用非乌托邦的方式扩大了重新思考的范围,思考许多社会主义的斗争和目标——社会主义的'目的'"(Minson 1986:107)。

福柯在后殖民理论和女性主义理论等领域内也有巨大的影响力(Mills 1991;1997)。说福柯对后者有影响也许相当令人惊讶,因为他经常被认为是一个厌女主义者(Morris 1979:152)。然而,许多女性主义理论家发现,福柯的批判性思想常被使用:

> 双方[女性主义和福柯]都把身体作为权力的场域……二者都指向权力的局部和私密的运作,而不是仅仅着眼于国家的最高权力。二者都指出话语在生产和维持霸权中的关键作用,并强调包含在边缘化和/或无法识别的话语中的挑战,二者都批判了西方人文主义中对西方男性精英经验的特权化,因为它宣称真理、自由和人的本性的普遍性。
>
> (Diamond and Quinby 1988:x)

因此,福柯与女性主义思想家都认为有必要重新思考支撑社会常识的概念框架。例如女性主义者多萝丝·史密斯(Dorothy Smith)的作品中,关于女性气质和精神病的话语建构及协商中都使用了福柯的话语思想,以说明个人与结构的协商,而不是简单地服从它们(Smith 1990)。

30   后殖民理论,主要是因为爱德华·萨义德(Edward Said)在他极具影响力的《东方学》(Orientalism,1978)中使用了福柯的思想。在这本书中,他持续关注和回应了福柯的作品,并且在一些情况下,萨义德试图使其与深远的政治或唯物主义甚至与精神分析思想兼容（Said 1978；Bhabha 1994；McClintock 1995）。基于这点，他作品的价值主要在于重构了权力关系。如我在第 2 章中所说，权力在福柯看来，不是施加于他人的东西，而是在整个社会中循环的网络或网状物（Foucault 1978）。因此，在后殖民理论看来，殖民主义不再被简单地认为是对被动的土著居民的权力关系，而是被看作暴力和侵略的确立，通过知识和信息的生产，对另一片领土实行若有似无的掌控，不断挑战并一再宣称这种对立（Guha 1994）。

也许正是这种权力的分析深刻地影响了政治思想，所以不能简单地把权力视为一个人对另一个人，一群人对另一群人意愿的施加，我们可以把权力看作一组分散在整个社会的关系和策略，并在交互的时刻确立。

综上所述，福柯在当时参与了政治和哲学争论，那时法国乃至整个世界都发生着巨大的变化。通过他的写作和政治活动，深刻地影响了 1968 年 5 月事件，对后来的政治变化产生了重大影响。福柯发展了一些理论，它们可以用来分析 1968 年后那些复杂的政治和哲学事件，他迫使知识分子们思考那些他们曾用以分析社会状况的思想模块。

本书的结构

我没有专注于福柯主要理论文本的特定章节，而是关注了福柯在不同时期的职业、访谈和论文，以及作品中他所关注的问题。在第 2 章"权力和机构"中，我考察了福柯关于权力和反抗的作品，特别是关于社会结构和机构的作品。在这里把福柯理论化相当重要，因为福柯做了很多假设，他认为我们具有统治权，在抵抗体制压迫中担当个体和边缘化群体的角色。在第 3 章"话语"中，我讨论了福柯关于话语的自治规则和功能的作品。在第 4 章"权力/知识"中,我考察了福柯关于挑战知识和真理的常识性地位的作品,以及他关于这两个概念运作方式的理论作品,这两个概念被广泛运用于各种机制中,其目的是排除其他信息。在第5章"身体和性"中,通过考察福柯关于性的作品,我关注了福柯理论中权力在身体中被建立和抵制的方式。他记述了性的历史,引发了对男同性恋、女同性恋、女性主义理论化的广泛研究。该作品不仅对性理论具有影响,而且还对文学中个体本质和再现个体形象具有影响力。在第6章"质疑主体"中,我分析了福柯对主体或个体,特别是关于疯癫与理性概念的作品。在最后一章"福柯之后",我将考察使用和阅读福柯的方式,并勾勒出在不必严格遵守他所写的一切的情况下,使用福柯的方法。我在这里建议,一个真正的福柯式阅读或方法是超越福柯的写作和思考的。

权力和机构

福柯的作品主要关注社会结构和机构与个体之间的关系。虽然,正如我在前面的章节中所说,我将在第 5 章做更详细的讨论,对福柯而言,个体的概念是不确定的,可是,在个体与机构的关系中,我们发现权力的运作非常清晰。纵观福柯的职业生涯,在作品如《性史》(1978),《权力/知识》(*Power/Knowledge*, 1980),《临床医学的诞生》(1973)和《规训与惩罚》(1977),他专注于分析各机构对人群的影响,以及人们在服从或抵制影响时所扮演的角色。福柯对机构关注的核心在于他对权力的分析。福柯作品的核心概念是:权力是一群人或机构拥有的东西,且权力只关注压迫和限制。福柯的作品试图做的是:从权力是对无权者的镇压,转变为考察权力在人和机构之间的日常关系中的运作。不仅仅只以消极的方式审视权力,特别是在《性史(第一卷)》(1978),他认为限制和压制,即使在它们最压抑的状态下,压迫性措施其实是具有生产性的,能够产生行为的新形式,而不是简单地压迫或审查某些行为。

34　　　　与许多早期的马克思主义理论家不同,福柯不太关注压迫,而是关注对权力的反抗。这类作品在批判理论家和政治理论家那里引发了一场重大的争论,因为对权力关系的反抗机制在福柯的作品中没有得到清楚地映射,但他的作品得到了一些女性主义者和其他重要理论家的响应,他们在福柯的作品中找到了思考男人和女人之间权力关系的方式,而以往对权力的描述重点往往放在国家、意识形态或父权制的作用,这对男人和女人之间的权力关系并不适用(Thornborrow 2002)。

> 马克思主义理论通常使用术语"意识形态"来形容那些被压迫人民接受不准确且不符合他们利益的世界观的方式。对马克思主义者来说,意识形态是社会中事物的想象性再现,而这个关于世界的虚构观点是为社会中统治阶级的利益服务。因此,一种社会意识形态可能把中产阶级描述为天生就比工人阶级更聪明,而不是马克思主义经济观所认为的那样,这种观点侧重于事实,即一个中产阶级占大多数的学校有更好的设施。

马克思主义理论家,如路易·阿尔都塞认为,关于国家在压迫人民中的作用的理论,在很大程度上令人不满,因为他们只注重权力的单向流通,自上而下(Althusser 1984)。阿尔都塞感兴趣的是国家压迫人民的方式以及意识形态使人民构成为个体的方式。在他的模式中,个体只是意识形态压迫下的傀儡。福柯的自下而上的权力模式,关注的是渗透在社会所有关系中的权力关系,它描述了权力在世俗生活中的建立和竞争,并用以分析个体作为能动的主体,作为行动者(agents)而不是被动的傀儡。

权力关系

权力往往被概念化为强大的凌驾于无权人民之上的代理机构,实现自己意愿的能力,并拥有强迫这些无权人民去做他们不愿做的事的能力。权力也往往被视为一种财产——那些被有权的人掌控而无权的人试图从他们的控制下夺取的东西。福柯批评这种看法,在《性史(第一卷)》中,他认为权力是表演性的东西,与其说是持有,不如说是策略。权力应被看作是一个动词而不是一个名词,应当是做一些事情,而不是一些东西,或能持有的东西。福柯在《权力/知识》中说道:"权力必须为循环的东西,或能以链条形式运作的东西。权力通过网状组织运行。个体是权力的工具,而不是施用对象"(Foucault 1980:98)。这里要注意几个要点:第一,权力被概念化为一个链条或网,即遍布社会的关系系统,而不仅仅是一组被压迫和压迫者的关系。第二,个体不应被看作仅仅是权力的接受者,而是作为权力被确立或抵制的"场域"。因此,他对权力的理论化迫使我们不仅要重新建构权力本身,也要对个体在权力关系中所扮演的角色进行重构——无论是简单地服从压迫还是在与他者和机构的关系中积极地发挥作用。

正如我前面提到的,福柯倾向于把权力视为策略而非拥有,是人们在特定环境中从事或执行的事件。权力应被看作是不断执行的,而不是被实现的东西。事实上,他认为,权力是一组弥散在全社会的关系,而不是被设定在特定的机构,如国家或政府。在题为"批判理论/知识理论"的采访中,他说:"我没有用一个大写字母'P'来指代权力,没有把它的合理性强加于社会主体的总和上。事实上,权力关系是多重的;它们具有不同的形式,它们可能在家庭关系中,或一个机构内,或管理部门内发生"(Foucault 1988c:38)。

因为福柯在这里把权力描绘为所有社会关系的主要力量,他似乎受到路易·阿尔都塞作品的影响,阿尔都塞是他在巴黎高等师范学院的老师,他的分析集中于意识形态国家机器(即,家庭、教会、教育系统)而不是镇压性国家机器(也就是法律制度、军队和警察)(Althusser 1984)。在一篇题为"权力与性"的访谈中,福柯认为,这些多重权力关系不容易被观察到:"权力的关系或许跻身于社会主体最隐蔽的事物中……[我们的任务是]调查权力关系中最隐蔽的可能是什么;把它们绑在经济基础上;不仅在政府形式中,也在政府内部或类政府中跟踪它们;在实质性的形式中揭示它们"(Foucault 1988d:119)。因此,福柯不是简单地把权力安置在一个集中化的客观的机构中,如军队或警察,像早期马克思主义理论家所做的那样,他感兴趣的是权力的局部形式以及与个体或其他机构协商的方式。关注权力关系在局部的重要性可以看出,它已经影响了许多女性主义理论家,如朱迪斯·巴特勒(Judith Butler),她曾试图发展性别与权力之间的关系模式,认为权力不仅仅处于机构中;她也试图把性别同一性看作是特定情况下的操演,而不是拥有(Butler 1993;Salih 2002)。

　　福柯的权力观与传统马克思主义或早期的女性主义权力观模式背道而驰,传统马克思主义或早期的女性主义权力观认为,权力只是压迫或压制的一种形式,即福柯所谓的"压抑性假说"。相反,福柯认为权力同时也是生产性的,会产生行为或事件,而不是简单地削减自由和约束个体。他在《性史(第一卷)》说道:"如果权力除了压迫别无其他,如果权力除了说不之外一无所作,你认为我们真会千方百计服从它吗?"(Foucault 1978:36)这句话暗示的意思是除了压制以外,一定有别的东西,可以让人们顺从。举一个例子,他在《性史(第一卷)》(1978)谈到 19 世纪关于男孩自慰的发展,这导致了大量如何预防或阻止这种做法的手册出版,继而引发对男孩的全面监控。福柯没有把这看作是对儿童单纯的压迫或对他们性欲和行为的控制,他在《权力/知识》中认为,"这是幼儿身体的性化(sexualising),是父母和孩子间身体关系的性化,是家庭领域的性化……性是权力的积极产物,远甚于权力是性的压抑"(Foucault 1980b:120)。因此,对儿童的性的讨论,对儿童性行为的观看、劝告和惩罚,实际上会带来一系列性关系和反常的性行为的产生——这些性行为原本是要被消除的。

这种积极的、生产性的权力观促使福柯分析大众起义,在大众起义中个人团体把权力握在他们自己手中。比如在《权力/知识》(1980)中,他与毛主义团体的访谈里讨论了大众正义(popular justice),并对伊朗革命发表了题为"伊朗:一个无精神之世界的精神"(Iran:the spirit of a world without spirit,1988f)的文章。福柯聚焦于革命和大动乱时代的分析并不令人感到奇怪,因为1960年代与1970年代是这样一个时代:不少人主张逃离、挑战和推翻压迫人民的政权,撕毁所有资本主义社会的规则和粉饰,正如我在前面的章节所言。在早期马克思主义者看来,通过革命推翻国家政权,让工人阶级解放,这是政治行动的根本目的。但是,在他的文章《真理与权力》(Truth and Power)中,福柯认为革命未必释放压迫,未必是对资产阶级权力的全面挑战和权力关系的倾覆,因为"国家由一整套权力关系汇合而成,这些权力关系使国家的运作成为可能……革命是同一关系的不同类型的汇合"(Foucault 1980b:122)。因此,国家不应被视为拥有权力,而是构建一系列关系,它使人们各司其位,使政治体系运作。以法国大革命为例,革命可能改变了社会运作的某些方面,但它往往会以同样的方式安置各类人,监禁或处死那些不同意其政策的人,像旧政权一样向人征税,通过一系列不同的方法,强迫公民服从其政治纲领。因此,在福柯看来,通过革命解放压迫的观念应该谨慎对待。

福柯在论文《主体与权力》(The subject and power)中也做了分析,他把那些最近发生的事件称之为"反权力斗争",他是这样描述它们的:"男性对女性的权力,父母对孩子的权力,精神病学对精神疾病的权力,医学对种群的权力,行政机构对人们生活方式的权力"(Foucault 1982:211)。所有这些斗争在福柯的描述中都是"固有的"或"直接的"斗争,因为这些例子都是人们正在批判的当下生活环境,某些人、团体或机构正在他们的生活中进行这样的对抗。他把这些斗争视为对构建更广泛权力分析的回绝:"这些斗争的主要目标不是为了攻击权力机构、团体,或社会名流、阶级,而是一种技术,一种权力的形式"(Foucault 1982:212)。

不少理论家对福柯关于大众正义的作品存有很大的疑问,例如上文提到的访谈(1980)。访谈是这么说的,福柯在一些场合表示,我们必须问自己一些难题,我们参与结盟的一方是否是"正义"的一方,例如在一次关于"权力与性"的访谈中,他说"搞政治——除党派政治外——就是试图带着最大的诚意去了解,革命是否值得"(Foucault 1988d:122)。但是,这种支持政治行动的诚实态度,并不总是发展成对私刑暴徒和大众正义的分析:例如,他认为,"这是很有可能的:无产阶级会对它刚刚打败的那些阶级行使一种暴力的、独裁的,甚至血腥的权力。我看不出有谁可以拒绝承认这一点"(Foucault,引自 Gane 1986:86)。大众正义的观点在 1960 年代和 1970 年代相当普遍,并且鉴于福柯参与了各种政治运动,我们可以看出其中的完美一致性。然而,在访谈中,当问到法国妇女曾被剃光头并被暴徒公开羞辱,因为她们涉嫌在第二次世界大战期间与德国人联盟,而真正的投敌者逃过了公众惩罚,福柯认为,"有必要寻找合适的惩罚形式,实际上可以通过讨论和信息共享,使其在群众中得到真正的发展"(Foucault 1980c:29)。这是一个非常困难的声明,因为它似乎表明,有足够信息的人会远离暴行和惩罚。这当然无法被证实,例如,2001 年英国人的某次行动,人们在审判恋童癖嫌疑者的法院外等待,想攻击他们,并攻击这些恋童癖嫌疑者的房子。有几起案件被张冠李戴。这些人被误认为是恋童癖者而受到暴民的攻击,福柯对这些暴行漠不关心的态度让人很难理解。不过,福柯至少是愿意认真思考这些大众的暴行,而不是像许多评论家在大众媒体所做的那样,一味指责他们鲁莽和残忍。

此外,福柯和一群研究人员一起出版了《我,皮埃尔·里维埃,杀害了我的母亲、妹妹和弟弟》(*I, Pierre Rivière, Having Killed My Mother, My Sister and My Brother*),这是一个 20 岁的诺曼农民的供词,他因在 1836 年谋杀了自己的一家三口被定罪(Foucault 1978)。福柯组织了一次研讨会,研究里维埃 40 页的供述,里面详述了里维埃的生平、作案动机,他与其家庭的关系,与供述同时出版的还有当代精神病学家、新闻记者的报告以及法律诉讼笔录。实际上在文本的注释中,福柯尽可能不做评判,他把供述描述为"一场奇怪的争论,一次对峙,一种权力关系,一场话语间的战役"(Foucault 1978:12)。这种冷静的态度是福柯进行此类分析的一贯做法,但它也意味着男性对女性的系统性暴力被抹除了。此外,被里维埃残忍杀害的母亲、妹妹和弟弟,关于他们的权利,福柯分析得并不多。在某种意义上,福柯选择里维埃这个案例得到了支持。研究这类受到质疑的话题是在冒某种风险,但对福柯这样的理论家而言,这似乎增加了他作品的胆识,他愿意关注那些最被社会抛弃的人。而福柯对同性恋的分析,对疯颠以及对女性的分析似乎非常值得称道,因为他们无从选择地被社会蒙上了污名,这和关注那些故意扰乱社会、剥夺他人权利或他人生命的群体是完全不同的事件。拥护无产者群体、暴民和凶手的权力将备受其他理论家质疑，不仅是保守派，还有那些左派。

40   ## 权力和反抗

在《性史（第一卷）》，福柯指出，"哪里有权力，哪里就有反抗"（Foucault 1978）。出于多种原因考虑，这是一个相当重要但又悬而未决的陈述。它是生产性的，因为它允许我们考虑斗争中的权力关系，这种关系不能简单地归结为主人—奴隶关系，或压迫者—受害者的关系。有权力运行的地方就有关系，就必然有人反抗。就福柯而言，如果权力关系不生效，那么就不存在反抗。因此，福柯认为反抗"写在"权力的行使中。然而，如果我们假设，反抗已经"写在"权力中，那么可以看到，那些花费巨额物力成本反抗政权压迫的个体机构将被削弱。由于反抗压迫多少比合作更困难（人们只有读了国际特赦组织的简报或关于巴勒斯坦起义的报道才会意识到这一点），考虑到福柯的权力模式，我们很难解释这些个体所选择的对压迫的反对和挑战，而不是简单的默许这一事实。不过，或许福柯试图在其权力模式中说明的是，我们不应把权力关系的运作方式仅仅看作是个体遭受一个机构或政府的压迫。相反，我们应看到，反抗压迫比人们想象的要更加频繁；以此种方式，福柯试图转变个体仅仅是被动接受者这一观念。

某些理论家已经对福柯的权力思想进行解读，并且试图将反抗与肉体关系的复杂性从福柯思想中提取出来。例如，詹姆斯·斯科特（James Scott）在《统治和反抗的艺术》（*Domination and the Arts of Resistance*）中关注到，在权力关系中，有权力和无权力被限制在行为中的方式（Scott 1990）。他表示，在与他人互动的行为中，他们可能表现为主人和奴隶,这种相遇模式会维持语言的惯例,而当另外的他者出现时,他们则会有完全不同的表现。例如,当无权者与同等地位的人相处时,他们会嘲笑有权者,给他们起绰号,并用讲故事的方式羞辱他们。另一方面,有权者会告诉与他或她同等地位的人,基于他们的角色,对无权者保持控制很困难,且维持严格的外在要求也存在压力。斯科特问道:"当无权者被迫对有权者采取战略姿态,而有权者对扩大自身声誉和控制力倍感兴趣时,我们该如何研究权力关系? 如果我们只看到这一切的表面价值,那很可能弄错了整个故事的策略"(Scott 1990:xii)。因此,斯科特认为,在对无权者和有权者彼此都在场的行为分析中,我们需要加入他们与同类人相处时的行为分析。为此他建议制定"隐性记录"(hidden transcript),即"在统治的背后对权力进行批判"(Scott 1990:xii)。有权者也有一个隐性记录,包括他们不能在他人面前公开宣称其统治主张。因此,斯科特认为,例如,在同一时间,美国黑人奴隶可能会服从他们的白人主人,对他们微笑,但在黑人奴隶之间,他们可能在民间故事、流言蜚语、歌曲中批判有权者,诸如偷猎、顺手牵羊、拖拖拉拉,以及他们工作中的一些违规行为。因此,要分析一个权力关系,我们必须分析权力的总体关系、隐性记录及公开表现。

理论家发现福柯的权力分析中存在诸多难点,它本质上是非解释性和非评论性的,福柯作品中最有用的且他着墨最多的地方恰恰是大众反抗,对反抗而言,福柯是其隐秘的支持者。这种反抗需要被记录,因为它们在获取资源方面是不平等的。例如,印度的属下研究(Subaltern Studies)课题组专注于对某类人进行分析——这类人在很大程度上被信息和知识的至尊生产者忽略或仅归类为麻烦制造者或暴徒(Guha and Spivak 1988;Guha 1994)。社会学家

加文·肯德尔和盖里·威克姆认为，"[一个福柯式的]分析任
务……是将反抗描述为权力运行的一部分，而不是去寻求、促进或
反对它"（Kendall and Wickham 1999：51）。然而，它可能意味着，选
择哪个作为分析对象暗示着它在斗争中将处于受到支持的特殊地
位。正如女性主义语言学家迪尔德丽·伯顿（Deirdre Burton）认
为，不必弄清楚一个人的政治立场，也不必试图在某个人的分析中
展现"客观"，因为这往往导致一个人的分析只是对现状的支持
（Burton 1982）。属下研究组生产农民暴动的信息，这决非一个公
正的描述，我们也绝不希望这样。出于自身原因而生产信息是一
个错觉，正如福柯在分析权力和知识的关系时清楚表明的那样（参
看第 4 章）。

规训的机构和规训的社会

福柯也对特定历史时期权力在不同形式的政体中的运行方式
感兴趣。在他的作品《规训与惩罚》（1977）中，他描述了权力在欧
洲不同时代的运行方式，从将被视为罪犯的人的备受拷打的身体
示众，到现今罪犯被处罚、监禁和监视。这本书以这样的叙述开
始："1757 年 3 月 2 日，达米安（Damiens）因谋刺国王被判处'乘坐
马车，身穿衬衣，手持两磅重的蜡烛'"，然后，"他被送到格列夫广
场的绞刑架上，用烧红的铁钳撕开他胸腔和四肢上的肉，用硫磺烧
焦他持着弑君凶器的右手，再将熔化的铅汁、沸滚的松香、蜡和硫
磺浇入撕裂的伤口，然后四马分肢，并焚尸扬灰"（Foucault 1991a：
3）。在几页详细描述关于确保因犯按计划被处决的难点之后，福
柯又用一段话列举了仅仅一个世纪以后监狱因犯的作息规律。通
过这个简单的并置，福柯展示了剧变的发生——从公开处决并示
众到约束与监督。不过，他认为这种变化在性质上构成了一种差

42

异,而不是一种发展或必然的改进,如当下:"阻止犯罪的应当是惩罚本身,而不是公开惩罚时骇人听闻的景象"(Foucault 1991a:9)。惩罚从制造无法忍受的痛苦,到现今美国实行无痛注射死刑,权力和惩罚的机制在发生转变,但这种变化不应被视作是发展或演化的反映。而英国现在使用的控制罪犯的方法,如电子标签,也未必更人性化。

福柯认为,与惩罚上的转变相关联,权力在社会上的传播形式也发生了相应的变化,例如,从曾被看作国家和权力象征的已自上而下瓦解的国王或王后体系,到权力在社会机体中运行的体系。公开实行大规模的酷刑和处决是一种公然展示主权权力的方式。福柯认为,不应将绝对君权的转移视为更民主的成果,他在一次题为"监狱对话"(Prison talk)的访谈中说道:"这是新的、局部毛细血管状的权力形态结构,它促使社会消除诸如法院和国王这样的因素"(Foucault 1980d:39)。这是一种既矛盾又具有挑战性的政治变革观点,由于权力关系在作为整体的社会机体中发生变化,这种变化自下而上发挥影响力,因而君主制变得多余。

在《规训与惩罚》(1977)中,福柯考察了规训弥散于现代社会的方式,它作为一种自我调节的形式,得到了各类机构的支持。他关于规训机制的作品非常有趣,福柯并非仅仅把机制看作是压迫性的,他分析了政权通过使用一系列不同的机制和技术在社会中运行权力的方式。福柯分析了一系列不同的机构,像医院、诊所、监狱与大学,并看出了许多规训实践有一些共同点。规训包括对被每个个体内化的控制的关注:它的关注点有,守时、对姿态和身体功能的自我控制、注意力、眼前欲望和情感的升华——所有这些因素都是规训压力的效应。同时,这些行为将个体生产为一套程序,这套程序源自自身之外,其目的是通过自身规训自身。这些西方文化中的规训式规范不一定来自于机构,它们已经彻底被个体内化。如果没有对欲望和冲动的永恒制约,如果没有源于教育系统和父母的压力向孩子不断灌输要控制自己的行为和情绪反应,那么事实上,这些做法是如此的内在和"自然",它们表明我们很难把生活应当是什么样的概念化。保罗·巴顿(Paul Patton)认为,这种规训的观点对于分析资本主义运作的方式是一个非常有趣的暗示:"这也许不是资本主义生产的,尽管它存在专制和阶级,但规训的生产是资本主义的。我们知道,劳动力的规训组织仍然存在,哪怕严格来说生产不再是资本主义的"(Patton 1979:124)。这一点可以从共产主义苏联体制的规训结构中清楚地看到,社会作为一个整体的最极端的规训机制,而对个人自由和自我表达的诸多限制,将可能导致密集的产业化实践需求,在某种意义上,这对仔细分析共产主义与个人自由被限制的极端形式之间的关系很重要。

对于福柯,规训是一套策略、程序和行为方式,它与一定的制度背景有关,继而渗透到普遍的思想和行为中。随着监狱环境的发展,规训机制现在渗透到职场、军队、学校和大学。虽然福柯认为,监狱中的一些规训结构在某种程度上侵犯并限定了其他机构的设置,但他并未描述这些做法是如何扩散到其他环境中的。而这正是他叙述中最令人不安的地方,对很多评论家而言这似乎相当矛盾。唐纳利认为:"福柯拒绝一种观念,即诡计多端的行动者阶级在幕后暗中操纵规训。是怎样的非人性化力量容许福柯可以明确谈论规训,将其作为整个人类被使唤的策略?"(Donnelly 1986:29)在关于规训机制的描述中,我们还可以看出深一层的问题,即个人主体必须服从于这样一个要点,对这些做法和程序做反抗都是徒劳的,这类想法在他们看来已经根深蒂固。这似乎与福柯在《性史》(1978)中的观点相冲突,他在书中指出,哪里有权力,

44

哪里就有反抗。女性主义批评家桑德拉·巴特基（Sandra Bartky）
认为，"福柯似乎有时处在剥夺我们词汇的边缘，这个词汇使得控
制的周期性抗拒的本质和意义概念化，正如控制的实施一样，它标
记了人类历史的进程"（Bartky 1988:79）。我们需要采取的福柯的
说法比他自己的更进一步，或许可以从中看出女性主义者和其他
批判理论家试图为我们提供某个精确的反抗词汇。

福柯作品中最受理论家关注的一个规训结构是全景敞视监
狱，他在《规训与惩罚》（1977）和一篇名为"权力的眼睛"（The eye
of power, 1980f）的访谈中作了讨论。全景敞视监狱是 18 世纪的哲
学家杰里米·边沁（Jeremy Bentham）论述的建筑装置，它作为一种
安排人员的方式，例如，在监狱里，你可以看到所有的犯人，而被观
察者看不到你，并且所有囚犯都不能和其他囚犯沟通。福柯在《权
力的眼睛》中用以下方式描述它：

> 四周是一个环形建筑，中间是一座瞭望塔。瞭望塔有一
> 圈大窗户对着环形建筑。环形建筑被分为许多小囚室，每个
> 囚室都贯穿建筑物的横截面。各囚室都有两个窗口，一个通
> 向里面，对着塔的窗户；另一个对着外面，能使光亮从囚室的
> 一端照到另一端。然后，需要做的就是在中心瞭望塔安排一
> 名监督者，在每个囚室关进一个疯子或一个病人、一个罪犯、
> 一个工人、一个学生。通过逆光效果，人们可以从瞭望塔与光
> 源相反的角度，观察四周囚室里被囚禁者的身影。总之，封闭
> 的原则得到保留；光线和监督者的注视比黑暗更能有效地捕
> 捉囚禁者，黑暗毕竟也是一种保护。

（Foucault 1980f:147）

监狱、学校和工厂的空间安排是为了使可见性最大化,福柯对这些特殊组织形式进行分析后认为,一种新的内化规训的实践形式出现了:人们被迫表现得好像自己一直被监视,哪怕他没有被监视。因此,这种形式的空间布置带来了权力关系和行为制约的特殊形式。

在 21 世纪,全景敞视监狱的范例被用于英国城镇中心的闭路电视里,不过闭路电视摄像机仅仅出现在街道上,警察能看到这些摄像机拍摄的视频,这样足以震慑地区内小规模的犯罪。规训结构需要有效运作,这点很重要。评论家巴里·斯马特(Barry Smart)认为"权力通过分层监测行使,这既不是占有也不是拥有,而是具有机器或设备的特点,通过机器或设备权力被生产,个体被分布在永久和连续的场域中,记住这点很重要"(Smart 1985:86)。在全景敞视监狱内的个体被迫让规训的凝视内化,这样"隶属于这个可见领域并且意识到这一点的人承担起实施权力压制的责任。他/她使这种压制自动地施加于自己身上。他/她在权力关系中同时扮演两个角色,从而把这种权力关系铭刻在自己身上。他/她成为了使自己屈服的原则"(Foucault 1991a:202-203)。因此,一种新的权力形式发展起来,那些对无权者享有权力的权威人士,不再通过折磨肉体运行权力,而是"扮演两个角色":压迫者可能会缺席,但因犯已把压迫者的行为守则内化,并表现出好像狱警还在监视他的状态。全景敞视监狱作为空间关系的象征,与此同时,一种新的权力关系形式在后殖民主义的分析中产生了大量作品,这些作品描述了殖民地景观。例如,来自英国的旅客或殖民官员的特定的调查目光,可以被看作是对某个地方的观察和规训,也是关于未来殖民地发展的知识生产的核心(Pratt 1992)。因此,对殖民地景观做出描述的英国旅客通常是从山顶的位置,描述某个空旷的绵延到地平线的景观,这可以被解释为对殖民地进行剥削的时机已经成熟了。所以,正如全景敞视监狱那样,他能看到下面场景中的所有人,并观察所有的土地,与此同时,他还占据着一个权威的位置。然而,有时全景敞视装置的使用可能过度了,以至于全景敞视建筑可以被追溯到商场、大学演讲厅、体育馆等设计中(Kendall and Wickham 1999)。然而,即使过于狂热的福柯式分析已经过多地溯及了全景敞视监狱作为规训结构的形式,但该建筑结构引发的权力关系的某些格局的概念依然值得重视。

福柯也对描述所谓的治理术感兴趣:分析谁可以支配,与谁被支配,但也指通过塑造别人的行为来实现的方式(Foucault 1991c)。评论家科林·戈登(Colin Gordon)认为,“福柯把它看作是政府在西方社会特有的(和令人困惑的)发展特征,它趋向于政治主权的形式,该主权是一个总体的政府,它关注的是即刻的‘总体化’和‘个性化’”(Gordon 1991:3)。因此,当我们分析治理术时,这类研究和关注点将使我们从仅仅关注国家和政府上转移。也许,福柯权力分析中最有生产力的因素是,他认为权力关系在很大程度上是不成功的,未能达到总体统治的目的。如果权力是相关的而不是从特定一方发出的,例如,政府或警察;如果它是弥散在整个社会关系中,而不是自上而下强加的;如果它是不稳定的,需要持续重复维护;如果它是生产的同时也是压抑的,那么我们很难把权力关系仅仅视为消极的和压抑的。与此同时,为了贬低在反抗压迫的权力关系中的人类机构,福柯通过对权力弥散的关注,也提供了构思反抗的方式。关于权力弥散和反抗弥散的概念已被一些反抗组织利用,如约在2000年建立的反全球化、反资本主义激进联盟与和平环境组织。他们发现,针对各种全球性组织(如世界银行和国际货币基金组织[IMF])和经由跨国组织发展起来的经济全球化的形形色色的反抗,通过将拥有广阔的背景和议程的抗议者组织在一起,这样是最有效的。反全球化运动使用了各种不同的方法,绝不仅仅是就某个单一问题进行示威或给政府写请愿书,他们已从传统的请愿书发展到更具创新性的群发邮件;他们的抗议活动,已经从外围占领强权国家政府领导人举办首脑会议的城市,到在壳牌车车库和麦当劳餐厅外抵制和抗议。因此,如果我们认为一国政府并非该国影响力和权力的唯一来源,那么抗议需要找到除政府外的其他目标,需要找到其他表现形式,而不仅仅是向总理请愿。这种弥散性的反抗策略的缺点是,它需要基础广泛的议程和多样化的目标,很难达成一致的反抗甚至很难让每个人的目标达成共识。但福柯也许会争辩说,为应对全球化经济和社会中复杂的权力关系,策略不必集中和单向。

机构与国家

福柯试图将分析的重点从简单地分析作为压迫的机构中转移。马克思主义强调国家在所有政治分析中的核心地位,而这正是福柯所拒绝的,但它或许对福柯的思考产生了深远的影响,因为它在福柯作品中的缺席似乎是最显而易见的。福柯表示,他拒绝制造国家的理论,"从某种意义上看,人们避免吃一些难以消化的食物"(Foucault,引自 Gordon 1991:4)。他认为,理论家往往会假设国家和机构具有坚固性和持久性,这也导致他们很少关注潜在的变化、权力持续的脆弱性,他在《治理术》(Governmentality)这篇文章中写道:

> 高估国家这一问题是一个悖论,因为这明显是还原论的:这种分析形式把国家还原为一系列功能,如发展生产力或再

生产生产关系,而这种对国家角色相对重要性的还原论幻想却总是认为,这种角色作为一个有待攻击的目标和一个要占据的优势地位都是绝对重要的。但是今天的国家可能比它在历史上任何一个时刻都不再拥有这种统一性,这种特性,这种严格的功能性,或者坦率地说,这种重要性;毕竟,国家或许不过是一个不同事物混合起来的现实,一种神秘的抽象,其重要性比我们许多人想象的要有限得多。

(Foucault 1991c:103)

因此,他希望从这一观点上转移,即国家被视为一个超人类机构,所有个体具有相同意愿和意图。为说明这一点,我们可以分析国家概念的复杂性,它是由不同的人民精英代表——国会议员组成(每个人都有自己个人和政治的议程,需求和发展目标,通过与党派的政治诉求进行磋商,形成整体和内阁的纪律),由受行政部门影响和领导的内阁和总理掌管,该部门由人民选举,每个机构都有自己的人事议程。该系统受上议院监督和调控,上议院是人民根据自己的人事议程选出来的。如果我们只分析政府,那么政府显然只是国家非常小的部分,因为国家的概念发生在实体中,诸如警察、法律系统以及所有由政府提供的服务,我们可以清楚地发现,将国家看成是一个拥有统一目标的机构该有多困难。这并不否认国家通过各种机构在个人之上行使权力,而是建议我们必须承认,在国家概念当中包含着各种各样相互冲突的机构。

然而,福柯并非是想在他所有的作品中驱除国家的概念,或是说国家不重要;相反,在分析权力关系时,有必要超越国家的界限进行拓展分析(Foucault 1979)。福柯在一篇题为"真理与权力"(Truth and power)的文章中说道:"国家,尽管它的机构是全能的,但远远不能覆盖实际权力关系的所有领域"(Foucault 1980b:122)。因此,父母与子女之间,情人之间,雇主和员工之间的关系——总之,人们之间的所有关系——都是权力关系。在每个相互作用中,权力被确立,人们在等级中建立身份,不过这种等级很灵活,充满变化和不确定性。女性主义语言学家乔安娜·索恩伯罗(Joanna Thornborrow)借鉴了福柯的作品,以便在机构身份之间作出关键区分(也就是说社会身份是根据一个人在机构中的地位赋予的,比如作为医生或警察),一个人谋取的身份是在与其他人的独有交互中确立的,她称之为局部身份(Thornborrow 2002)。这两种身份和他人相互作用,并告知他人,但它们能单独地进行有效分析,因为

50 改变一个人的局部身份是可能的,例如更普遍地使用语言策略,与那些拥有较高机构身份的人交往,但通过这种手段来改变一个人的机构身份要难得多。

　　因此,福柯敏锐地意识到机构在塑造人方面的作用,虽然他不想将机构与个人之间的关系仅仅看作是压迫和约束的关系。然而,他引起许多批评理论关注权力关系中可能发生的反抗。

意向性和意愿

　　在福柯关于机构权力的作品中,有一个重要组成部分就是对意向性与效果之间相分离的理论化,例如他在访谈"权力与性"(Power and sex,1988d)中作了讨论。法人团体可以提出他们自己的一套意图,比如说在他们的任务宣言里,他们声称有一套明确的目标和指导原则。但是,在那些明确的意图和实际发生的事情之间,往往有关键性的脱节。复杂机构是有意向性的,类似于个人,这个观念常常迫使我们以还原主义的方式思考社会结构的运作。福柯认为,"资本主义的存在理由不是要饿死工人,但它的发展离

不开他们的挨饿"（Foucault 1988d：113）。因此，正如马克思主义理论家所说的，贫困可能是资本主义的必然效果，但福柯认为，这不能视为资本主义的目标或意图。因此，不能把资本主义看作是首要计划的执行；资本主义本身作为一个系统，可能是由一系列相互矛盾且冲突的力量和拥有各自议程、运行方式与计划的机构组成。因此，在分析中，有必要查看机构的运行和受限的方式，它们本身也受到机构内个体以及机构外个体与团体的需求和反抗的限制。如果我们拿国家卫生医院的管理作为机构的复杂性和假设意向性之难度的例子，我们将看到医院受限于政府政策和政府目标，它们限制了这家医院可以做什么；医院允许拥有的金钱和资源，以及政府与私人医院的关系都受到政府限制。他们也受制于社会团体、健康监察人以及个人，因为现在的观念认为医疗差错可以得到经济补偿，所以这些人变得有影响力了。虽然医院有管理结构，管理者会对目前的方向做决定，但他们只能在其他机构强加给他们的限制范围内做事，并且还受到先前建立的医院管理方面的程序约束。管理者可能认为医院尽可能把最好的服务提供给社会，但他们的政策会被自己无法掌控的力量修改，例如财政约束；他们的决定可能产生意外后果，他们可能卷入并非自己制造的危机中。因此，虽然医院的管理者对医院的运作方式负最终责任，但他/她不是唯一参与管理政策规划的人。用过于简单化的方式将意图归因于机构是不可取的，这迫使我们重构权力关系在社会中的理论化方式。

正如我在本书的最后一章"福柯之后"中讨论的，福柯对分析的形式感兴趣，这些分析侧重于突发事件，而不是简单的因果关系。我的意思是，福柯认为，当我们分析过去发生的事件时，我们往往试图为这些事件找到简单的、清晰的原因；例如，通常认为，纳粹在"二战"中侵略苏联时失利是因为苏联的冬天很冷,而他们准备不足。然而,用这种过于简单化的归因方式掩盖了事实,即无数偶然因素促成德军失利:俄罗斯人有冬季制服的供给,而德国人缺乏这样的制服,德国人在前线阵地使用了非德国的部队,德国统帅在入侵计划中缺乏参与,希特勒的过度自信等:这些偶然因素都或多或少导致了特定结果的产生,它们当中的某一个并不比另一个更重要(Beevor 1999)。因此,尽管找到简单的因果关系,可以使对过去的思考和写作变得容易得多,但福柯认为,我们应该试图分析过去事件的复杂性和混乱的本质。分析偶然性而不是简单的因果关系,这一观点在权力关系的分析中非常重要,因为它使福柯式的分析者更加专注于权力在全社会所有关系、事件和行为中的弥散,专注于偶然因素促使我们能够考察权力运行的方式。

结论

福柯分析了个人与更广泛的社会之间的关系,假设个人相对于机构或国家不是无能为力的。他没有把机构对个人的限制最小化;在他的很多作品中,他恰恰关注了机构对个人施加作用的方式。然而,通过分析权力在整个社会中的弥散,福柯使人们看到权力在每次交互中的确立,也在每次交互中产生反抗。这使得权力成为一个相当不稳定的因素,它可能在任何时刻受到质疑,必须不断更新和维持权力关系。因此,福柯以一个全新的方式开展权力的分析,在社会中考察权力关系,更关注反抗性而不是简单的被动压迫。

3

话　语

　　话语是福柯作品中最常用的术语之一,同时,它也是最矛盾的术语之一。福柯本人在他的作品中用若干不同的方式定义它,本章我将探讨他在《知识考古学》(1972)和《话语的秩序》(1981)中使用术语的方式。福柯在《知识考古学》中表示,他用"话语"指"所有陈述的一般领域,有时指个体化群体的陈述,有时指解释陈述的秩序化实践"(Foucault 1972:80)。说到"所有陈述的一般领域",福柯表示"话语"可以用来描述所有具有意义且有影响的表达和陈述。此外,他有时也用这个词来描述"个体化群体的陈述",即话语形成小团体,例如女性气质的话语或种族主义的话语。在其他时候,他也使用这个词来指"解释陈述的秩序化实践",这是不成文的规则和结构,它们产生特定的表达和陈述。例如,关于如何写论文没有成套的规则,但大多数在校大学生都能学会如何在论文框架内写作。对福柯而言,这套结构和规则将构成一种话语,福柯最感兴趣的是这些规则,而不是话语和文本的创作。

话语是一套规范的陈述，它以可预见的方式和他者结合在一起。话语受一组规则约束，这些规则使某些话语和陈述分布和流通。有些陈述广为流传而其他的则受到限制；因此，在西方，圣经是一个总在印刷的文本；在许多家庭都有圣经的副本。许多政治评论家用圣经语录来阐释他们的观点。大学有宗教院系致力于研究圣经。期刊也倾注全力对它进行分析，总会出现新诠释和评论。通过这种方式，圣经本身，以及有关它的陈述，都可以看作是构建了一个流传于我们社会的话语。不过，其他宗教的经文就没有这样广泛流通，它们似乎也不具备圣经所拥有的这类结构"支撑"。在福柯关于话语的思想中，排斥的概念非常重要，特别是在《话语的秩序》中。我们不能仅仅将话语看成是一套具有一定连贯性的陈述，相反，我们应该思考话语的现存感，因为一组复杂的实践试图使它们一直流传，而其他的实践试图将它们隔离，使这些陈述难以流传。

很多人发现话语这个词被使用，是因为福柯强调话语与权力有关。很多马克思主义理论家们使用意识形态这个术语，以表明某些陈述和思想是由机构授权，它们可能对个人的想法有一定的影响力，但话语的概念比意识形态的概念更复杂，我在前面的章节中概述了福柯关于权力和反抗的思想，他认为话语不仅仅是一套强加于个人的想法。在《性史（第一卷）》，福柯说：

　　话语不会一直屈从于权力或反对它，也不会沉默。我们必须意识到话语的复杂性和不稳定性，话语既可以是权力的一种手段和效果，也可以是一个障碍、一个绊脚石、一个反抗点和一个对立策略的起点。话语传递并产生权力；它强化权力,但也损害它并将其公开,使得它十分脆弱并且能够阻止它。

(Foucault 1978:100-101)

我发现这段引文有趣的地方在于,在马克思主义理论中,意识形态被认为是消极和压抑的,是对某事物的错误信念;而福柯却主张话语既是压迫的方式也是反抗的方式。

关于"话语"这个术语,我们必须记住,它并不等同于"语言",也不应该仅仅被看作是话语和现实之间的简单关系。话语不能简单地把现实转化成语言;而应该被看作是一个系统,该系统建构了我们认识现实的方式。在他的论文《话语的秩序》中,福柯认为:"我们不应认为世界向我们展示一个清晰的面孔,我们只能去解码;世界不是我们知识的帮凶;也没有先知的上帝帮助我们安排世界"(Foucault 1981:67)。他继续说道:"我们应把话语看作是我们做事的激情,或在任何情况下,我们置于话语之上的实践;正是在此类实践中,话语事件发现了规律的原则"(Foucault,1981:67)。例如,在西欧语言中,关于颜色往往存在着广泛的术语;但并非所有语言都能以同样的方式对颜色加以区分,像英语那样将光谱划分为蓝色、红色、绿色等。例如,一些语言在绿色和蓝色之间没有任何词汇区别。这并不意味着说这种语言的人不能区分蓝色和绿色,但这种区分在该文化中并没有什么特别意义。因此,我们在现实中感知到的规律性应被看作是加诸于现实的话语匿名性规律的结果。福柯认为,话语实际上限制了我们的感知。

虽然话语几乎涵盖所有的东西,但也存在非话语的领域。福柯经常被解读为,没有非话语的领域,一切都是通过话语构建和理解的。例如,身体,它显然是一个实物——我们的身体能感觉疼痛,

56 它受重力的作用,也可能受到意外伤害——然而,身体只能通过话语的中介被理解,也就是说,我们对身体的理解只能通过话语发生——我们通过描摹完美形体的话语判断我们身体的外形,我们把疲倦感解释为压力的标志,因为话语关注精神与肉体健康之间的关系,等等。因此,福柯并不否认世界上的物质对象,也没有说除了话语一无所有,他指出的是,我们只能思考并体验物质客体,世界通过话语和它加诸于我们思想上的结构成为一个整体。在思考世界的过程中,我们通过所了解的结构,对经验和事件进行分类和解释,在解释的过程中,我们为这些结构提供可靠性和通常难以质疑的常态。埃内斯托·拉克劳(Ernesto Laclau)和尚塔尔·墨菲(Chantal Mouffe)在以下引文中深刻讨论了非话语的问题:

> 每一个构成话语对象的客体与是否存在思想外的世界无关……地震或砖块落下是必然存在的事件,它发生在此时此地,独立于我的意志。但作为客体的专属性是否由"自然现象"或"上帝的愤怒"构成,这取决于话语领域的建构。我们否认的不是这些存在于思想外的对象,而是不同的说法,即作为对象,它们可以在任何话语条件之外构成自身。
>
> (Laclau and Mouffe 1985:108)

因此,在拉克劳和墨菲看来,客体的存在和事件的发生都是在真实的世界进行,但我们是在话语结构中理解和解释这些事件,我们并不总能意识到我们理解话语结构的方式。如果我们回到身体的例子,可以看到,我们可以用一个相当直接的方式体验我们的身体——我们能感到疼痛,我们体验疲倦和饥饿——但所有这些感觉都通过话语结构过滤了,这些结构赋予它们特定的含义和作用。

当福柯讨论话语时,他侧重于约束和限制;他意识到,我们可以潜在表达无限种类的句子,但令人惊讶的是,事实上,我们选择在非常狭窄的限制内说话。他认为,话语实践的特点是"界定客体领域,定义知识代理人的合法观点并确立概念和理论的详细规范"(Foucault, in Bouchard 1977:199)。因此,在决定说什么时,作为说话者的我们必须集中于一个特定的主题,同时,我们必须宣称自己有权谈论这个主题,在这个过程中,我们必须补充并完善思考该主题的方法。在这些话语的制约之外思考和表达自我很困难,这不是不可能,因为如果这么做,其他人会认为他是疯了或者难以理解。1970年,福柯在法兰西学院开始他的就职演说,他提到在话语中表达自我的困难性,他说:"我想很多人从一开始就有从责任中解脱出来的渴望,……渴望一开始就站在话语的另一边,而不用从外部考虑哪些可能是陌生的、可怕的或者有害的"(Foucault 1981:51)。正是由于这个原因,福柯认为,在话语的开端存在仪式;举一个老套的例子,当人们开始用英语交谈,他们一般会以"闲聊"开始,说些关于天气或健康的非重要谈话,然后才开始认真讨论;打电话时,有一套仪式化的开始和结束的常规,它有助于让谈话继续下去。我们不常思考这些仪式化的话语;只有当有人不这么用时,我们才注意到它们。

在福柯的话语分析中,让他感兴趣的是话语调节的方式:"在每一个社会,话语的生产同时受一定数量程序的控制、选择、组织和重新分配,这些程序的作用在于消除话语的力量和危险,控制其偶发事件,避开其沉重而可怕的物质性"(Foucault 1981:52)。正是在这个意义上,话语的结构和控制的运行是福柯感兴趣的地方。福柯在他的文章《话语的秩序》中说到,程序约束话语并导致话语被生产;福柯认为,第一套程序,包括三个外部排斥,它们是:禁忌、

58   疯癫与理性的区分、真理与谬误的区分。禁忌是禁止的一种形式，它使我们谈论某些主题感到困难，诸如性和死亡，并且制约我们谈论这些主题的方式。第二个外部排斥是疯癫与理性话语的区分，正如福柯在他的著作《疯癫与文明》(1967)中展现的，没人会注意那些被认为是疯子的人的讲话；它被视作不存在。比如说，英国一些被认定为精神病的人和那些使用某些药物改善病情的人，随着律法的变化，他们无法表达不愿接受治疗的意愿。他们很可能说他们不想吃药，但当局无视他们的陈述并强迫他们治疗。在这个意义上，只有那些看上去理性的陈述会得到关注。真理与谬误的区分是福柯描述的第三个排斥实践；那些在位的权威被看作是"专家"，他们能说出真理。而不当权者所说的话则被视为没有说出真相。真理的概念不应被视为不言自明的；福柯在他的作品中表示，真理实质上受到一系列实践和机构支撑：大学、政府部门、出版机构、科学机构等。所有这些机构都力图排斥那些他们认为虚假的陈述，流通那些他们认为是真理的陈述。在福柯看来，只有那些处于"真理之中"的陈述会流传：在《知识考古学》(1972)中，他认为，"一个人可以在空虚中说出真理，这很有可能；可一旦他服从某种话语'规则'，这种规则在他每次说话时不得不重新激活，那么他只能在'在真理之中'"(Foucault 1972:224)。因此，即使我们声称某些东西据我们所知是"真理"，但它们只有与我们社会中认可的陈述一致且相符时，它们才能被判定为"真理"。

　　除了话语生产的外部排斥，福柯还表示，有四个内部排斥程序，它们是：评论、作者、学科，以及对说话主体的冲淡(rarefaction)。这些程序都与分类、分布和命令话语有关，它们的作用是最终区分
59   谁被授权发言而谁不被——被授权的话语和不被授权的话语。第一个内部排斥是评论，是关于其他人陈述的写作。因此，文学批评

可以看作是评论。福柯认为：

> 在所有具有稳定性的社会中，话语存在等级：那些在日常
> 交流和交易中言说的；那些一发声就很快消失的；那些引起新
> 的言语行为的，改造它们或言说它们的，总之，那些围绕程式
> 的话语，无限地被言说，保留，一遍又一遍。

> （Foucault 1981:57）

大多数人会认为，人们评论或讨论一个文本是因为它比其他文本
更有趣或更有价值；例如，查尔斯·达尔文的《物种起源》(1859)被
无数科学家评论、挑战和解释。但福柯认为这不是由于该文本的
质量，而是因为文本分析方法存在差异。在评论文本的过程中，文
本本身被赋予了不同的和主要的地位，它被假定为很丰富，但同
时，评论的作用又矛盾地说出了文本不能说的东西；正如福柯所说
的那样："评论第一次就必须说出已经说过的东西，但又必须不知
疲倦地重复从未说出的东西"（Foucault 1981:58）。因此，对达尔文
作品的评论不仅使达尔文的文本被视为"真理"的思想一直在流
通，同时也赋予评论者地位，因为这表明他们已经掌握了达尔文的
理论，甚至可以完善这些思想，能比达尔文更清楚地表达它们，或
者使这些思想与21世纪更贴近。第二个内部排斥实践是作者。
这似乎是个悖论，因为在很多人看来，作者仅仅是书写文本的那个
不证自明的人。然而，在福柯看来，虽然他意识到作者的存在，但
他认为，作者的概念是作为文本的组织原则，它能为已经出版的不
同文本提供内聚力。例如，如果我们考察小说家石黑一雄（Kazuo
Ishiguro）的著作，他写的作品十分广泛，风格和主题多变，从文体实
验书《无法安慰》(*The Unconsoled*)到《去日留痕》(*The Remains of the*

Day），这本书在风格和内容上相当保守。很难把他归为某个特定的写作方式或重点上。然而，我们知道这些文本都是由同一个人发表的，我们要把这些非常不同的文本组合在一起，我们甚至可以开始断言，这些文本之间有关联，例如，将一本书看作是对另一本书风格或主题的回应。然而，这些书是如此不同，福柯在《话语的秩序》和《什么是作者？》（What is an author?, 1986a）中认为，作为读者的我们正使用作者的观点整合不同的文本。福柯喜欢使用"作者功能"这个词，而并不关注真正的作者，因为它是作者功能的组织方面，这正是福柯感兴趣的地方。从不成熟的早期作品到成熟或晚期作品，福柯对这种发展的观念持批判态度。比如我们讨论莎士比亚"早期"的作品，我们应该质问为什么我们要使用这样一个隐喻，它暗示着这些作品没有他后来的文本成熟，我们应仅仅在这些文本自身的条件内分析它们，而不是在我们所掌握的莎士比亚生平这样一个虚构的框架内分析。关于话语的第三个内部排斥是学科界限，即我们对学科领域设置的限制。例如，如果我们从事社会学，我们一般会考察一定范围的主题，然后借助于一系列特定的方法论和理论工具去研究它们。如果我们从其他学科的角度，例如语言学或心理学，探究同一主题，我们将用不同的方法和工具研究并界定这些主题。学科成为话语的限制，因为它们规定哪些可被视为特定学科领域内的知识。因为它们每个都有严格的方法论规则和真实观念的汇编，学科允许新观点的产生，但必须在学科的严格限制下。因此，学术期刊有编辑委员会和审阅人，他们负责评估那些投过来的即将出版的文章是否"符合"学科规则，是否讨论了某个特定的主题，以及在该学科内是否可以讨论。不符合这些要求的文章将被他们拒绝。因此，对福柯而言，这些实践是学科不可分割的部分，它们严格排除那些可能挑战自己的知识，从而组成学科领域。福柯讨论的最后一个话语内部排斥被他称为"对说话主体的冲淡"；"冲淡"指的是对权威性言说进行限制，就是说，一些话语面向所有人，而有些则受到限制。权威性言说受到仪式限制，它们发生在特定的话语社会中，在那里，话语按照既定规则流通。例如，在大学里只有某些人能讲课；在专门设计的礼堂，讲演者站在礼堂前方。他的发言只持续演讲那段时间。学生一般不和讲演者说话，也不和授课组其他成员说话。关于谁可以在讲课时说话有不成文规定，如果一个学生说话了，这在其他人看来是违反常规的，或对现状有潜在破坏性，如果讲课者要求学生发言，他/她可能会感到紧张或难为情，感到说话困难。因此，福柯认为，大学不仅仅是一个冷静地传播知识的机构，"任何教育系统，同它们拥有的知识和权力一样，都是维持或修正话语分配的政治工具"（Foucault 1981:64）。大学有很多不成文的规定，关于谁可以在某些时候说话（导师会尽可能让学生在研讨会发言）以及哪些陈述被认为是权威的（导师对论文的评价决定了学生怎样被评估和他们最后获得的分数）。事实上，对大学的福柯式分析很少关注知识的流通，而更多关注知识被排斥的某些类型，以及学生的思想与所谓的"学术"知识类型保持一致的严密过程。因此，整个看似不证自明的沉默系统强行说出的是，在相对固定的标准内运作不是传授知识，更多的是话语的制度化，并规划出讲课者与学生之间的权力关系。因此，这种多重约束的复杂系统，在话语生产和接收的内外部都发生作用，正是这些限制导致了话语的存在。

　　综上所述，话语因此被看作是一个整体的术语，表示所有的陈述，这些陈述形成的规则，流通的过程以及其他陈述被排除在外。在话语的理论化之中，福柯还使用了其他一些术语：认识型、档案、话语结构，以及陈述，这对了解福柯的作品非常重要，且能帮助我

62

们概述话语的结构。我将对此做简要解释。

福柯分析了话语构型的团体以及在某个时刻话语间的关系。该实践的总体,福柯称之为"认识型"。一个时期的"认识型"不是"知识的总和,也不是其研究的总体风格,而是分歧、距离、对立、区分,各种科学话语的关系:认识型不是一种基本理论,它是弥散的空间,它是开放且无法确切描述的关系领域"(Foucault 1991a:55)。因此,它不是一段时期内能被了解的一切的总和,而是在特定时期内产生的知识与产生新知识的规则之间的复杂关系。因此,在某个特定的时期内,我们可以看到不同科学在同一概念和理论水平上运行方式的相似性,尽管处理的是不同主题。例如,福柯在《事物的秩序》(1970)中分析了概念框架、理论假设,以及某些科学、自然历史、经济学和语言学工作方法的共同点。他说:

> 古典时期的自然史、经济学和语法习以为常的东西对科学家的意识而言都是不在场的;或者说它能被认识的部分,是肤浅的、有限的、几近幻想的,但他们自己不知道,博物学家、经济学家和文法家,使用相同的规则去定义他们的研究对象,形成他们的概念,建立他们的理论。
>
> (Foucault 1970:xi)

以"思维方式"的类型为例,它们是各门科学的基础,福柯对古典时期认识型的分析值得我们深思。他说:

63　　　相似性在于在很大程度上引导文本的注释和阐释;相似性在于组织符号的运作,使知识可见和不可见,并控制艺术表现它们。宇宙在自身折叠:大地反射天空,面孔看着自己反映在星辰中的倒影，植物在其茎上守护秘密，这些都为人所用。绘画模仿空间。表现被定位为重复的一种形式；生命的剧院或自然的镜子，这是所有语言，声称其存在方式和阐释其言论权利的宣言。

（Foucault 1970：17）

他还描述了世上被解释为超自然迹象的事件：谷物歉收、风暴、疾病，事实上，任何异常事件都被视为是上帝愤怒的显示。古典时期所有自然科学，不同的科学家共享某些关于世界本质和知识的假设，正是这些知识支撑他们的科学工作。福柯的传记作者之一，迪迪埃·埃里本是这样描述认识型的："每个时期的特点是存在一个潜在结构用以描述文化，一个知识网，使每一个科学性话语，每一个陈述的生产成为可能。每个科学都是在认识型的框架内发展的，因而某些部分会与现代其他科学链接在一起"（Eribon 1991：158）。因此，福柯在《事物的秩序》中分析了一般语法、经济学、财富和自然历史，旨在分析共享的假设和理论的框架，该框架组织思想、表现及分类。

在认识型的分析中，福柯认为："我不求进行检测，从不同的标记开始，一个时代的统一精神……一种人生哲学［世界观］……［而］我研究话语的合奏……我已经解释规则、转换、门槛及剩余物的游戏。我整理不同的话语，描述它们的集群和关系"（Foucault 1991a：55）。因此，福柯试图分析的不是一个统一的思想主体或"时代精神"，而是一组相互矛盾的话语框架，是运行在社会机体中并相互作用的压力，以及人们如何设想、了解和写作的条件。认识型不是从一个到另一个的平滑过渡，由于科学家建立在别人的功绩上，所以有了进步，但福柯认为，从一个认识型到另一个认识型的

64 转向创建了一个话语的间歇或中断。他认为,认识型之间的间歇是突然的,而不是像它们普遍定义的那样,即进化或对前一个时期的反应。他问道:"在某些时期和知识的某些结构中,突然蓄势待发,进化加速,发生了与人们普遍接受的冷静而持续的形象不符的转变,那会怎样?"(Foucault 1979:31)我们可以看到,福柯试图反抗传统史学家的进化和发展的概念,即断言知识和生活在全面改善,直到它们到达当下的顶点。福柯描述认识型的话语限制的目的,是让我们看到我们目前知识状态的陌生感,并质疑我们的思维方式,以及我们用来思考的概念工具。

福柯的考古学分析(第 1 章中讨论过)关注了档案的描述,即"特定时期和特定社会的规则定义 …… 语言的限制和形式(Foucault 1991a:59)。福柯用"档案"一词表示不成文的规定,该规定促使某类陈述的产生,以及话语构型在任意时刻流通的总和。福柯用"话语构型"一词表示稳定关系和特定类型话语的团体;这些话语的团体往往与权力的特殊机构或场所有关,并影响个人和他们的思想。话语构型似乎很稳定,但又不断变化。

话语或话语构型,是陈述的群组,该群组处理同一个主题,似乎产生类似的效果;例如,它们可能因为某些机构的压力或关联,因为相同的起源,或因为类似的功能而成为一组。它们促使其他陈述的再生产,这些陈述能与它们的基本前提兼容。话语不应被视为整体的内聚力,因为它们总是包含一些矛盾的陈述;例如,男性话语不能看作是一个简单的统一整体。在话语内部,或者我们应该说男性话语包含对大男子主义的描述(例如,右翼分子的陈述

65 中会歌颂男子汉的美德,如力量和自信)和其他对新派男子的描述(例如,左翼分子的陈述中重视培育和关怀)。然而,这些陈述有不同的政治意图和影响,目的是试图说明男性和女性有着根本性的

不同。这些陈述的作用是淡化男性和女性之间的相似性。随着相同点和不同点功能的变化,认为男人和女人有本质区别的主张通常有一定的咨询功能,例如,男性话语旨在描述作者希望实现的情况(男人应该像过去一样强硬,或者男人应当更贴心)。因此,话语应被看作是陈述的群组,它与机构有关,在某种程度上得到授权,在基本水平上有统一的功能。

陈述可被看作是授权的主张或经过言说的行为(Mills 1997)。陈述不是一个简单的句子,例如地图或图像可被视为一个陈述。评论家休伯特·德雷福斯和保罗·拉比诺认为,"如果地图表示一个地理区域,那么它可以是陈述。如果一个打字机键盘的布局图像出现在手册上或表现为标准排列的键盘字母,那么它可被看作是一个陈述"(Dreyfus and Rabinow 1982:45)。不是每个人都能做出陈述,或是使自己的陈述被别人重视。有些陈述比其他的更被认可,因为它们与权力或机构有更多关联。福柯想分析的是"陈述的存在法则,即呈现它们可能……异常出现的条件"(Foucault 1991a:59)。因此,福柯并不认为陈述仅仅存在于不证自明中,他想分析的是它们应运而生的过程。福柯对陈述的分析的独到之处在于,他试图这样分析陈述:"不涉及说话主体的意识,模糊或明确地说出主题;不涉及话语事实的意志——也许它们的作者是无意识的;不探究说话的意图,它们常常意在言外;也不试图捕捉词语短暂而无人理会的微妙之处"(Foucault 1991a:59)。因此,福柯感兴趣的是分析话语作为超越个人的客观系统,他精确分析了抽象的、匿名的系统和结构,而不是与系统交互的个人。在某一陈述被认为是真实和恰当的情况下,陈述能够说出话语本身的结构。某些陈述比其他陈述更有生产性。

66

结　论

福柯关于话语和权力的作品帮助理论家去思考我们是如何了解自己知道的东西；信息从哪儿来；它是如何产生的，以及是在什么条件下产生的；它可能对谁有利；如何产生不同的想法；这样可以追溯信息的轨迹，我们把这些信息视为"真理"，置于特权的位置上。这让我们不会用优越的姿态看待过去——当然我们现在更了解——为了能够分析知识的潜在陌生感，而这些知识在当下被我们视为"真理"。

权力/知识

福柯的许多著作都在关注我们如何了解事物,以及事物作为事实得以确立的过程。正如我们在上一章中看到的,福柯对导致某些话语生产的排斥过程感兴趣,而不是其他。他也对知识的相同排斥过程感兴趣,在他的《权力/知识》(*Power/Knowledge*,1980)论文集中,福柯探讨了排斥方式,为了让事物被确立为事实或者真相,其他同样正当的陈述必须被歪曲或否定。因此,福柯没有关注那些发展了某个思想或理论的个别思想家,例如在《事物的秩序》(1970)和《知识考古学》(1972)中,福柯想更多关注运行中的抽象体制过程,正是这些过程使事物得以确立为事实或知识。

传统的知识论,特别是科学知识认为,知识是由一系列孤立的创造性天才创造的,例如爱因斯坦和巴斯德。他们的特点是出类拔萃,能够超越他们时代的常规想法,能够制定全新的思想和理论观点。同样,在哲学传统中,思想史的主要特征是关注个别思想家,如黑格尔和维特根斯坦,这些被认为是改变知识活动进程的人。

68 福柯想创造一个更具匿名性、制度性、支配性的知识生产模式。正如伊恩·亨特(Ian Hunter)所说：

> 福柯对话语概念的改写源于他试图提供关于男人与女人所思考的知识史。福柯的历史不是思想、意见或影响的历史，也不是经济、政治和社会背景已形成的想法或意见的历史。相反，它们是思想或"知识"的物质条件的重建。它们表达了一种企图，即生产福柯所说的思想/知识的物质条件的考古学，这些条件不能还原为"意识"的想法或"思想"的想法。
>
> （Hunter，引自 Kendall and Wickham 1999:35）

因此，福柯对任何时期已知的东西都不感兴趣，但他关注"思想的物质条件"下，某些事实被了解的过程，而不是其他。

福柯非常清楚，通过追溯西方文化中"伟大的思想家"，了解知识和思想的历史会容易很多，但他已经决定"在其不同的维度内，确定自 17 世纪以来欧洲的话语存在的模式（它们的形成规则，它们的条件，它们的依属，它们的转换），我们今天已经存在的知识，更具体点说，是人类好奇的知识领域"（Foucault 1991a:70）。因此，他重点关注知识发生和生产的机制，包括人文科学，这必然在福柯的作品中有所体现。在《事物的秩序》(1970)中，他对 18 和 19 世纪认知的转变特别感兴趣，在那个时期，科学把注意力从探讨自然世界中的物理过程转向对"人"的研究。他认为：

> 古典思想与它之前的所有思想形式，能够说出人类的心灵和身体，说出如何限制他/她在宇宙中所处的位置，说出他/她的知识或自由所受的限制，但处于现代知识中的人，没有一

个了解人类。文艺复兴"人文主义和古典'理性主义'"确实能 69
够让人回到他/她在世界秩序中的特权地位,但无法孕育
人类。

(Foucault 1970:318)

因此,福柯希望我们质疑学科不证自明的性质,如社会学、心理学,
思考人类在这些学科发展之前的思维方式,并分析它把"人"作为
研究对象的过程。

在《权力/知识》中,福柯把知识描述为权力关系和信息搜索的
结合,他称之为"权力/知识"(Foucault 1980)。福柯在论文《监狱
谈话》(Prison talk)中指出,"没有知识,权力不可能行使,知识不可
能不产生权力"(Foucault 1980d:52)。这是关于知识讨论的一个重
要的理论进展,因为它强调知识不是平心静气的,而是权力斗争的
组成部分,但它也提醒我们,在知识生产中可以主张权力。对于福
柯而言,用他新建立的"权力/知识"的组合,更能准确强调这两个
因素互相依赖的方式。

因此,在人群之间或机构/国家之间存在权力关系的失衡,就
会有知识产生。福柯表示,由于在西方国家,男性和女性之间权力
关系的制度化失衡,所以产生关于女性的信息;因此,我们发现图
书馆有很多关于女性的书,但关于男性的却很少,同样,关于工人
阶级的多,但中产阶级的很少。关于黑人问题的书很多,但白人的
很少。异性恋在很大程度上仍然未经分析,而同性恋却是许多研
究的主题。虽然这一情况正在发生根本性转变,目前已经开展异
性恋和白人的研究,但公平地说,人文科学的学术研究仍集中于那
些被边缘化的群体(参看威尔金森和基青格[1993]关于异性恋的
研究,以及布朗等人[1999]关于白人的研究)。事实上,可以说,人

70 类学研究大部分建立在与西方大都市相比而言的政治经济的边缘研究上。因此,对一个群体做学术研究,例如,分析某个群体使用的方言,对研究者而言往往是不言自明的,但福柯认为,这些研究对象往往是那些处在弱权地位上的人。极少有语言学家分析那些发音标准或说 BBC 英语的人使用方言的情况;通常研究那些地方方言或口音。在一个复杂的过程中,经济弱势人群的知识生产对保持他们地位起到显著作用。但福柯并没有将知识生产看作是完全压迫的,福柯看到,信息生产通过将自身边缘化可以改变现状,这一点我将在后面一章做讨论。

福柯将权力/知识作为一股抽象的力量,该力量能决定了解什么,而不是说个别思想家发展了思想和知识。他认为:

> 人们了解的主体以及将被了解的客体和知识的形态,都应看作对权力知识和历史变迁产生了基本影响。总之,不是知识主体的行为生产了知识,帮助权力或反抗权力,而是权力—知识,贯穿其中的过程和斗争,决定了知识领域的形式和可能。

（Foucault 1991a:27-28）

这是一个相当令人震惊的陈述,它在西方社会布下谜团,在那里,我们认为知识的发展得益于无数学者的奉献,他们孜孜不倦地推进陈旧的知识;但在福柯看来,权力/知识生产出事实,而个别学者只是知识生产的工具或平台。你可能会认为这么说言过其实,但这恰恰是福柯作品在理论界最受推崇的最为夸张的时刻。关于我们知道什么,如果我们允许自己去思考这些"想都不敢想"和看似疯狂的想法,那么我们也许能够分析个人和非个人的抽象力量在知识生产中的作用。

正如我在前面的章节中讨论过,福柯认为,生产知识和保持知识流通的过程可以被称为"认识型"。在各个历史时期,这一套规则和概念工具对什么是事实的变化做了思考。举个福柯关注的概念工具为例,让我们想想,福柯对他称之为"认知意志"说了什么,他描述了发展于19世纪末的认识型的特点:认知意志是对信息的各种欲望,或是发展一套分类和测量对象的程序(Foucault 1981:55)。我们不应假设认知意志或真理意志是普遍的或不变的,尽管有时感觉它好像是如此,在这个信息时代,随着互联网的发展,我们需要越来越多的空间来存储信息,使尽可能多的人能使用它,这一点似乎不言而喻。然而,我们应该看到,通过实践、教学法、图书馆、机构、技术等各个阶层,认知意志在强化和更新。例如,在19世纪英国殖民统治高峰时期,关于印度和非洲的学术性知识大受欢迎,纷纷涌现,正如后殖民理论家爱德华·萨义德和玛丽·路易丝·普拉特(Mary Louise Pratt)展示的那样(Said 1978;Pratt 1992)。殖民当局感到生产被殖民国信息是他们的责任,生产领地的详细地图,详细描述建筑,提供当地语言的语法和词典,描述人们的风俗习惯。信息产品也被一些并不受雇于殖民政权的人获取,比如旅游作家、小说家、科学家,他们在殖民地看到拓展全球知识的机会。特别是玛丽·路易丝·普拉特,她认为,这种信息的生产不是一个简单的过程,以客观的方式积累被殖民国信息的简单过程;她认为,不像传统认为的,被殖民国的信息以客观方式积累,事实上,在收集数据的过程中,以一个国家的植物群为例,西方植物学家在西方分类体系内设置信息,在这一过程中,原住民发展起来的分类体系被抹除,他们可能会关注植物在医学或仪式中的使用,而不是西方模式中的植物的形态学特征。

因此,殖民时期的西方人对殖民地施加了一个分类系统,他们认为这是知识的全球化客观系统,但实际上,它是以西方视野和西方利益为核心制定的(参看 Foster and Mills 2002,对此的全面讨论)。知识的生产通过排除他者发生,分类和知识的有效形式同样如此,这些形式与环境关系更密切。因此,我们必须质疑所有生产的信息,即使它看上去显然能增加人类知识的总和,但它同时或许能在维持现状和认定当下权力关系时发挥作用。

福柯认为,知识不是纯粹的搜寻"真理",实际上权力运行在信息处理过程中,导致某个事件被标记为"事实"。某事件被认为是一个事实,它必须得到当权者批准,经历这个完整过程。以复杂的排斥和选择过程为例,在西方,某事成为我们认为的"事实",我们往往认为,电视新闻报道所显示的形象应当是"正确"和"事实",但我们一般不考虑复杂而冗长的编辑和排斥过程,这些都发生在图像进入电视屏幕之前。以我们接收信息的方式为例,假设它们是真实的,受到政府和其他机构的制约,看看《华盛顿邮报》记者卡罗尔·莫雷洛(Carol Morello)下面的评论,她在 2001 年得到许可报道发生在阿富汗的英美战争。她记述了记者只有加入了"联合报道小组"系统才允许报道,即如果他们加入"联合报道小组"系统,军队才给记者资格认定和信息;如果他们加入了小组,他们允许在某些地方进行非常有限的采访。莫雷洛被军方告知有一些美国伤亡人员正在抵达,她问美国军队:

> 摄影师可以给到达的伤员拍照吗?不可以。可以站在一边打印报道并评论吗?不可以。记者可以和空运伤员到基地的海军飞行员聊聊吗?不可以。可以在医生治疗完伤员后跟他们谈谈吗?不可以。可以和运到基地的阿富汗受伤战士谈

谈吗? 不可以。……在每场战争中,在军方和想要报道战争
的记者之间都存在与生俱来的紧张关系。然而,随着美军进
驻阿富汗南部,相较于1991年的海湾战争,记者在更严格的限
制下工作。

(Morello,引自 Morgan 2002:8)

因此,当我们看电视时,我们看到的图像似乎是直接和真实的,但
这些关于冲突的"真实"的影像都是记者和军队以及政府力量之间
一系列幕后协调和谈判的结果。

在"批判理论/智识理论"(Critical theory/intellectual theory)的
采访中,福柯在三卷《性史》中有更多拓展,他表示,自1960年代以
来的西方,一种意识得到发展,即人们应该尝试了解关于自己的
"真理"。他认为,存在一个共同的假设,即如果一个人审视他的性
别,他过去的经验,他可能发现自己存在的本质:可以"找到"自己。
然而,在福柯看来,当你认为你已经发现关于自己的"真理"时,也
是权力在你身上行使的时刻:他接下来说:"如果我说出关于自己
的真理……在某种程度上,通过一些权力关系,我被建构成一个主
体,这些权力关系施加在我身上,我又施加在别人身上"(Foucault
1988c:39)。在看似把自身建构成主体的过程中,作为一个个体,
生产关于自己的知识只是制造了一个话语的对象,一个权力/知识
的对象。这一关于自我知识的思想在他的论文《危险的个体》
(The dangerous individual)中得到进一步阐释;他认为在罪犯被宣
判时,去了解他们以便审判他们,这点现在看来至关重要。福柯问
道:"一个人可以宣判他不了解的人死刑吗?"(Foucault 1988e:127)
在给某人定罪的过程中,法官需要评估这个人的行为是否由病理

引起或他们是否有完全的意识和企图。在上述每种情况下,对待罪犯的方式和量刑的类型是不同的;例如,在美国,当一个人承认谋杀,如果犯罪的原因是病理性的,凶手将被禁闭在精神病院并进行治疗;而如果谋杀被认为是故意的,凶手将被处死或监禁。

在一篇名为"真理与权力"(Truth and power)的采访中,福柯考察了真理的方式,像知识一样,真理不像许多西方哲学传统认为的那样,是一个抽象的实体。相反,福柯认为,"真理即世界;它凭借多重约束得以产生"(Foucault 1979a:46)。传统真理观点认为真理是"丰富多样的,生命旺盛的,温柔而隐伏的普遍力量",福柯将其与他所说的"真理意志"作对比——真理意志是一套排斥性做法,其作用是在虚假与真实的陈述间建立区分(Foucault 1981:56)。真实的陈述将在整个社会流传,转载于书本;它们会出现在学校课程中,将在书籍和文章中被其他人评论、描述和评价。这些陈述构成一个社会"常识性知识"的基础。而那些被归为谬误的陈述将不再出现。每个社会都有自己的"真理的政权"(regime of truth),即由权威人士做出并得到整个社会接受的陈述类型,它们通过一系列不同的实践从虚假陈述中区分出来。在"权力与性"(Power and sex)的采访中,福柯分析了"真理"或"事实"通过复杂的社会关系网络、机制和禁令,得以保存的方式,同时表示,"我的目的不是写禁止的社会历史,而是写生产'真理'的政治历史"(Foucault 1988d:112)。进一步说,在"方法的问题"(Questions of method)中,他补充道:"我的问题是观察[人]如何通过真理的生产支配(自己和他人)……(通过真理的生产,我说的不是真实话语的生产,而是在有序和恰当的真假实践中建立领域)"(Foucault 1991b:79)。因此,福柯对真理和知识的分析不能看作是对权力/知识压迫力量的简单的政治分析；他分析的特点仅仅是描述，而非批判。

福柯区分事实与谬误的分析被文学分析师伦纳德·戴维斯（Lennard Davis）扩展到文学领域，他表示，在 18 世纪之前，事实与虚构之间的区分存在某种放纵（Davis 1983）。戴维斯认为，在 18 世纪，政府的一些司法干预开始在哪些可以公开的问题上表明立场，这导致事实与虚构之间的区分被明确界定；政府试图限制传媒的批评，诽谤法（和征收印花税）阐释了哪些被认为是正确和事实的因素。在此之前，报纸和畅销故事书含有自然和超自然事件，真实和虚构的描述，它有一个道德或宗教的意义；现在，报纸开始报道最近发生的并声称是真实的事件。

福柯并不认为建立真理的概念，以反对马克思主义的意识形态或谬误观、虚假的自我意识很重要，而是仅仅分析了维持这些区分的程序。这是像萨义德这样的批评家在使用福柯作品时发现的难点之一，因为对后殖民理论家而言，将殖民国的殖民权力的描写看成是虚假的，这是必不可少的（Said 1978）。例如，殖民时期的英国作家对比现代工业化的西方，他们经常把印度和非洲的土著人描述成懒惰、落后、肮脏、低等、"原始"、不发达的人。在描写真实的问题上，萨义德一直在福柯的作品中挣扎着，同时他不得不看到这些"真实"表述的建构性，希望以某种方式与这些国家的"真实"描述作对比。用福柯的话说，对这些国家和居民的描述只是看起来真，实际上同样是虚构和建构的。福柯认为，"它不是从每个权力系统中释放真理（真理的寄生也是权力），而是在当下运作时，将真理的权力从霸权、社会经济和文化的形式中分离"（Foucault 1980b：133）。

> 虽然霸权是备受马克思主义理论争论的一个词语,但它大致可定义如下:霸权是一种社会境况,即人们受当权者的价值观和意识形态支配,并把它们视为自己的价值观和意识形态;这也使得他们接受自己在等级制度中所处的地位,认为这是自然而然的或是为己所用的。

因此,真理、权力和知识紧密相连,我们需要分析的是权力在知识生产中的运作。这对西方女性主义理论家来说尤为重要,他们最初试图记录女性状况的"真理"或女性经验,以反对性别歧视者对女性的老套谬论。然而,这些女性主义者描述的"真理"也受到其他边缘化群体、非西方群体的挑战,他们认为这些形象不能准确反映他们的境况、他们的关切和价值(Minh-ha 1989)。关于谁可以代表整个"女人",西方女性主义者从这次争论中学到的是,术语"女人"几乎是无法讨论的,因为不同女性群体对什么是"女人"有不同观点。因此,福柯认为,真理通过广泛的策略得以构建并保全,这些策略支撑并确认真理,排斥并反驳事件的其他版本。福柯认为没必要提供事件的其他版本,即使在其他人看来它们更准确或更符合他的观点。

然而,尽管福柯关于真理和知识的立场看似冷静,但他认为,反抗政府以及政府机构散布给我们的信息类型显得十分重要,在他自己的政治活动中,他认为知识的生产能发挥重要的作用。举个例子,福柯和其他活动家在1970年代成立了一个信息小组,用于提供法国监狱状况的信息。该监狱信息小组不是简单地批判监狱条件,还提供监狱条件的信息,这些信息由犯人自己书写。他在一次演讲中表明设立该小组的宣言:

> 我们想让人们知道监狱是什么:谁去那里,怎样去以及为
> 什么去那里;那里发生了什么;犯人的生存状态是什么样子,
> 监视者的生存状态如何;建筑、食品和卫生状况如何;内部管
> 理、医疗照看和工场活动怎样;一个人如何出来,他们出来后
> 进入我们社会又会怎样。
>
> (Foucault,引自 Eribon 1991:225)

令人不快的信息产品,大多数人不愿记起的信息种类,是它本身的
批判方式,这使我们意识到这样一个事实:当作为社会群体的我们
谴责那些被监禁的人,我们需要承担什么。

　　然而,即使这类批判知识没有从权力/知识的运作方式中免
除,它也很重要。务必记住,当我们思考白人、中产阶级的作品时,
西方社会学家和人类学家也许是出于善意,研究工薪阶层群体或
其他国家的群体:在收集这些群体的数据和信息过程中,他们不得
不在自身与群体之间建立权力关系。这种权力与知识的结合给社
会学、语言学和人类学制造了巨大的困难,即研究其他群体却使它
们成为知识的对象。女性主义社会学家贝芙·斯凯格斯(Bev
Skeggs,1997),在她关于工薪阶层女性的社会学作品中清楚认识到
这个问题,正如很多人类学批判传统那样,她试图将自身置于他们
正在研究的人一边,而不是较优势的位置。他们不得不采取一系
列策略,例如,将他们的研究结果交给社会评论,包括研究成员的
批评建议,与社会成员一起撰写研究并认可他们的付出。(此类项
目的例子,参看布迪厄等人,1999)。福柯建立监狱信息小组的决
心是为了给囚犯提供条件,让他们可以为自己说话;该团体与囚犯
对话并采访了他们的家庭。福柯声称:"这些调查不是由一组技术
人员从外部进行。在这里,调查者和被调查者是相同的。说什么
取决于他们自己,目的是消除隔阂,表达出不能容忍的和不再容忍
的。由他们主导斗争,这将防止压迫的产生"(Foucault,引自

Eribon 1991:228）。在这里，福柯似乎在暗示，推动者仅担任一个诱导者的角色，他可以避免使自己处于比囚犯优越的地位的可能性；不过，他似乎仍决定对部分囚犯采取行动。其中一名囚犯塞尔日·李维特（Serge Livrozet）在 1974 年《解放报》（Libération）的采访中讲述了自己的经历，他明显感到福柯的立场不仅仅是一个诱导者，当时他说：“这些专家分析时处于痛苦中。我不需要任何人替我说话，来表明我是谁”（Livrozet, 引自 Eribon 1991:234）。因此，每个知识生产的实例，每个想代表他人说话的实例，不管他们出于多好的意图，都需要被审问。

福柯关于权力/知识的作品，本质上是对运行的历史进程做分析，该历史进程运行于我们社会作为一个整体所能了解的知识建构中。只有对过去进行批判性审视，我们才能重组我们所知道的当下。福柯的历史观与通常被称为辉格史（Whig history）的观念存在深刻对立，该历史说法形成于 19 世纪，它认为人类文明（对这些历史学家而言，就是欧洲文明）必然是进步的，必然比过去更好。福柯质疑这类必胜论。在“批判理论/智识理论”的采访中，他表示：“我认为我们应该谦虚地对自己说，我们生活的时代并不是历史上唯一的、根本的、爆发的切点，在那里一切都已完成，并再次开始”（Foucault 1988c:36）。因此，我们需要从根本上质疑“进步”的观念。

福柯经常被历史学家批评，因为他在概括过去方面相当漫不经心。不过，与学术型历史学家不同，他会出于不同的目的使用历史材料。社会学家加文·肯德尔和加里·威克姆认为这种目的的差异可以从以下方面看出：

> 福柯式的使用历史的方法……不涉及对进步（或退步）的假设……它认为历史从未停止；据说它们不会停止，据说它们

无所不在。用福柯式的方式使用历史就是用它来帮助我们理解,当下和过去一样陌生,而不是让我们看到,一个合理的或可取的现在出现了……或可能出现。

(Kendall and Wickham 1999)

历史不是"无所不在",也没有进步,该观点让众多读者非常不安。但肯德尔和威克姆接着表明,在福柯式的分析中,"历史不应用来使我们感到舒适,而是用来打乱那些想当然的东西"(Kendall and Wickham 1999:4)。与其把当下看成是过去事件导致的不可避免的结果,不如把当下看成是这些事件的一个可能结果:然后分析当下,"不在于我们是什么的简单特性——而是通过当下脆弱的线性——努力掌握某事物为什么以及怎样不再是某事物"(Foucault 1988c:36)。在某种意义上,我们必须牢记的是,当下既是"像任何其他的时间",又"从不像任何其他的时间"(Foucault 1988c:37)。也许,福柯的分析形式是要告诉我们,在某种意义上,当下是不可分析的,因为它似乎太复杂,以至于看不清正发生了什么,因为它实在太熟悉了。但是,如果我们全面分析它,这似乎是福柯的目的,通过讨论过去来分析当下,那么我们就必须在它的陌生感中开始,像对待过去一样对待它。

结论

福柯在他的一些著作中认为建立权力和知识、权力和真理之间的互联性很有必要。在他的描述中,知识并不只是在学术研究中出现,它也通过一些不同机构和实践的运作,在整个社会的流通中生产和保持。因此,他促使我们从知识是客观和公平的观点中脱离,转向另一个观点,即知识总是为特定群体的利益工作。

身体和性

福柯描写了机构和话语力量对身体的影响,特别是在诸如《性史》(1978—1986)的著作中。他认为身体应该被看作是一系列话语压迫的焦点:身体是话语确立的场所,是争议所在一方。在《事物的秩序》(1970)和《规训与惩罚》(1977)中,他还梳理了随之而来的大学和政府对整体人口变化的分析,他称之为"生命权力",即"因力量和生产力的提高,对人口和福利的组织不断提高"(Dreyfus and Rabinow 1986:8)。

福柯关于身体和机构相互作用的分析,自 1980 年代以来,在女性主义和同性恋者理论家中非常有影响力。至于为什么会有影响力,亚娜·萨维茨基(Jana Sawicki)给出了一个原因:

> 在许多有影响力的法国批判理论家中,福柯的独特之处在于:他的目的是干预被剥夺权利者和社会可疑群体的具体斗争,如囚犯、精神病患者和同性恋者。到目前为止,福柯与

他的后结构同行相比,他的言论显得更激进,少了一些狭义的
学术色彩,这让那些激进的女性主义理论家不得不严肃看待
他的作品。

(Sawicki 1998:93)

82   因此,边缘化群体的理论家们发现福柯的作品很有用,因为它适用
于政治事业。

身体、话语和性

许多关于权力的分析都集中在机构的作用方面,但福柯分析
了权力在机构之外的领域如何运行;基于此,身体是斗争和话语冲
突的场所之一,这也正是他关注的焦点。福柯认为,不是自上而下
的权力关系模式在国家或机构中镇压人民,而是有必要发展一个
自下而上的模式,在这种模式里,身体就是确立和反抗权力的场所
之一。斯马特认为:

> 在全球化统治形式的组织和吞并中,分析社会秩序最基
> 础层面的技术和权力的过程,继而导致改变和发展的归档,这
> 种分析完全不同于另一种分析,即权力概念化并置于集中的
> 机构关系中,并试图追溯它在社会中的扩散和影响。

(Smart 1985:79)

第一种分析类型是福柯式的,它关注的是地方的世俗权力关系融
入机构权力关系构成中的方式。更准确地说,福柯不打算给权力
关系中任何一方以特权,但他认为有必要描述机构和个人的互动,
而不是假设某一方在关系中占有主导。

在福柯的作品中,他关注的身体而不是个体,这一点很重要。在福柯的框架中,个体被认为是一种影响,而不是本质,正如加里·威克姆所说:"作为权力目标的身体的概念,是福柯试图避免的关于个体的自由观点:即个体是不受约束的创造性本质"(Wickham 1986:155)。福柯认为"个体不应被设想为一种基本的核心……权力紧系其中。事实上,这是权力的主要影响之一,某个身体、某些手势、某些话语、某些欲望被识别和构成了个体"(Foucault 1980a:98)。因此,福柯没有把个体看作是稳定的实体,他通过身体的构成来分析话语的过程。这对女性主义者和同性恋理论家而言是一个很有利用价值的概念,他们想把妇女、男同性恋者和女同性恋者的压迫形式理论化,而不至陷入本质主义的错误假设中(性或其他差异的概念是源于生物的差异)。在题为《尼采,谱系学和权力》的论文中,福柯指出,身体应该被看作是"被铭刻的事件的表面",也就是说,政治事件和决定对能被分析的身体有重大影响。他还描述了身体作为"牢固统一体的错觉"和"持续瓦解的集合",因此他强调那些看起来最坚实的东西,事实上是通过话语斡旋构建起来的;对福柯来说,谱系学分析的任务"是揭示一个完全被打上历史印记的身体和历史毁灭身体的过程"(Foucault 1986b:83)。同时为了质疑身体表面上的稳固,福柯还关注了身体作为"历史和文化上的具体实体",也就是说,一个人受到不同的评价、对待和遭遇取决于社会环境和历史时期。在这个意义上,身体总是屈服于改变,而不是顺其自然的,总是通过身体的不同社会结构而经历调解的。

在他针对"生命权力"的研究中,福柯认为,自19世纪以来,当权者开始从身体层面建立规章制度:知识的积累、人口的观察和调查、程序的调研、对作为一个整体的人口的研究,以及特别是对身体的完善。在这里,福柯认为,政府试图控制人口的目的和社会科学对人口增长所做的调查,以及整个社会的大趋势似乎是联系在一起的。把人口作为整体资源是一个新观点;正如批评家休伯特·德雷福斯和保罗·拉比诺所说:"个体真正令人感兴趣的地方在于,他可能有助于增强国家的实力。个人的生,死,活动,工作和快乐在某种程度上很重要,因为这些日常关注的东西变得有政治作用"(Dreyfus and Rabinow 1986:139)。因此,政府采用人口调查表面上是改善整体人口的福利——例如,根除工薪阶级的性病和乱伦,实际上,它加强规训制度,使人口控制更严格。

生命权力不仅涉及作为整体的人口分析,它还和性的分析有关。福柯对性的分析的关注,在挑战性别认同的成见方面,起到重要作用。在一段展示福柯式分析方法的陈述中,福柯表示,他之所以研究《性史》(1978—1986):

> 目的既不是性行为的历史也不是再现历史,而是"性"的历史——引号表示它的重要性。我的目的不是写性行为的历史、实践,跟踪它们连续的形式、演变以及播散;也不是通过呈现这些行为,分析它的科学性、宗教或哲学思想。我想先详述最新的、老套的"性"概念:把它从熟悉的周遭中脱离,分析与它相关联的理论和实践背景。
>
> (Foucault 1985:3)

在三卷《性史》中,福柯关注了性的观念和自古希腊以来的自我的概念化。在第一卷中,他专门分析了性的观念在 19 世纪的发展,他的论述仍然对当代性的观念有影响。他将 17 世纪人们对性的"坦率"和"公开"与维多利亚时代人们在房门背后谈性色变并试图限制讨论性事做了对比。福柯对性的分析之所以如此重要就在于,他认为 19 世纪同样试图压制讨论性并限制性实践,我们不应假设这种压制是有效的,或者在原本设想的方式下起作用。对性讨论和性本身的表面上的压制有一个意想不到的效果,那就是增强了谈论性的欲望,提升了违反这些禁忌的快感:

> 如果性被压制,那它注定被禁止,是不存在和沉默的,那么仅有的事实就是,一个人谈论它就具有故意犯错的表现。说这话的人在一定程度上把他/她自己置于权力管控之外;他/她颠覆了已建立的法律;他/她以某种方式期待到来的自由。
>
> （Foucault 1986c:295）

对性的压制和关于性的自由化观念的分析看起来很矛盾,因为它导致人们对 21 世纪的想象,认为自由就在于不受约束的性表达。

福柯在题为"我们是另一种维多利亚人"（We other Victorians）的文章中认为:

> 自 16 世纪末以来,"谈论性",远未遭到限制,相反,它接受越来越多的鼓动机制……在性(sex)上运行的权力技术并不服从于严格筛选的原则,而是多种形式的性的传播和植入的方式之一……认知意志在面对禁忌时没有停滞不前,该禁忌没有撤销,而是持续构建——尽管有很多错误——性的科学。
>
> （Foucault 1986c:300）

85

因此,比起终止性的可能形式,流通于 18 和 19 世纪的性行为的压制性话语,实际上构成了看似谬误的性的形式,或许更重要的是,使之变成了一种渴望的(因为被禁止)行为方式。因此,同性恋活动,这种在 19 世纪之前就被看作是一系列由男性从事的可耻行为,开始被视为是建构了一类特殊的个体,他们只是从事这类行为而不是其他行为。因而,同性恋者和异性恋者首次被划定为不同的类别。同性恋者一开始被看作是特殊人群,他们生来就是"不正常的",也可以说是病理性的反常。所以,同性恋作为个体的分类被发明。由于这个看似稳固的性倾向分类,性和性行为成为科学研究理所当然的对象。

在《性史(第一卷)》(1978),福柯分析了性的分析重点的变化以及在 18 和 19 世纪比较重要的乖僻行为。福柯认为,在 17 世纪,关注的焦点是已婚夫妇:"丈夫和妻子的性生活受到规则和建议的困扰":什么时候可以而什么时候不可以有性行为(Foucault 1986d:317)。然而,其他形式的性实践"仍然相当令人困惑:一个人不得不考虑'鸡奸'的不确定性,或对儿童性行为的置之不理"(Foucault 1986d:317)。在 18 和 19 世纪,夫妻性生活逐渐受到较少的公然监视:相反,关注的焦点在于:

> 儿童、疯狂男女和罪犯的性行为:那些不喜欢异性的人的性行为,痴迷、幻想、狂热,或是对愤怒的发泄。是时候让这些对过去满不在乎的人挺身而出并且发言,让他们对自己是什么样的人做出艰难的坦白。

> (Foucault 1986d:318)

福柯分析了坦白的过程,即为了弥补过去的行为,他们必须和当权者谈话。该做法在基督教内发展起来,但现在看来是一系列广泛的实践,涉及治疗咨询、证明/自传撰写,以及男同性恋和女同性恋"出柜"的电视真人秀。他认为,"西方基督教发明了这项惊人的约束,它迫使每个人说出一切,目的是抹除一切,在持续的、绝望的、详尽的喃喃自语中阐述哪怕是最少的缺点,没有漏网之鱼"(Foucault 1979d:84)。福柯将告解室的历史追溯到赎罪和宽恕的宗教仪式,他认为"出柜"受到同性恋是罪恶的这类相似观点约束。不过,男同性恋和女同性恋理论家已让出柜作为解放运动重新语境化,男同性恋或女同性恋公开成为不同群体中的成员,成为不同的人,而不是成为公开承认自己罪过的人。

福柯在《性史(第二卷)》(1985)描述了古希腊社会同性恋行为的不同方式,同性恋本身不是被定义为个体的特殊类型,而是表示一个人对他的欲望的控制。福柯分析了希腊人的性密码,向我们展示了适用于另一类现实的性概念,而不是把性看成是一成不变的(Foucault 1985:35)。对于希腊人来说,"使一个人和其他人区别开来的……不是他们朝向的目标类型,也不是他们喜欢的性实践的模式;最重要的是实践的强度"(Foucault 1985:44)。因此,性实践的适度和情欲的控制被看作是一种更重要的、更明确的道德的自我,而不是男人是否选择与女人、男人或男孩发生性关系。因此,福柯感兴趣的不仅仅是主体开始认识到自身是一个性个体的方式,还包括引发个体自我道德判断的性行为的分析方式。福柯并不认为性行为和道德标准之间存在必要的联系,他问道:"为什么是性行为,为什么与它相关的行为和乐趣是道德关怀的对象?"(Foucault 1985:10)福柯描述了一种方式,即对希腊人而言,一个人通过控制性行为和性欲,可以使自身成为道德或伦理的主体:"个体限定部分自我的过程将形成他的道德实践的对象,根据他遵守的准则明确他的地位,并选定作为道德目标的某个模型"(Foucault 1985:28)。

　　福柯认为,19 世纪不仅发明了同性恋,也发明了性本身。直到 18 世纪,人们才关注控制"肉体",即控制欲望和需求;到 19 世纪,发展成对性的关注。自 19 世纪以来,这在某种程度上,决定了一个人的性倾向;与什么性别的人睡觉决定了你所具有的身份类别。福柯认为性的建构由三个轴组成:1)关于性行为的知识;2)规范性行为的权力系统;3)个体能够、必须意识到自己作为性的主体的形式"(Foucault 1985:4)。

　　在《性史(第一卷)》(1978)和《压抑性假说》(The repressive hypothesis,1986d)一文中,福柯阐释了儿童性行为在 18 和 19 世纪的讨论方式;他表示,在 17 世纪,成人和儿童之间谈论性事有一定的"自由",这种自由在预防男孩手淫的镇压运动中消失;然而,"这不是实施平淡而简单的沉默。确切的说,这是话语的新体制。关于性的谈论没有丝毫减少;相反,为了获得不同的结果,事情以不同的方式被言说"(Foucault 1986d:309)。他指出,人们只要看看这个时期学校的建筑,就会看到:

　　　性问题是一个永恒的焦点。建设者把它考虑得很明确。组织者们对它做长久的考虑。所有实施权威措施的人都长期处于警备状态……上课的地点,桌子的形状,娱乐课的规划,宿舍的分配(有没有分区,有没有窗帘),对睡觉时间和睡眠周期进行监管的规则——所有这些都以最冗长的方式涉及儿童的性行为。

(Foucault 1986d:310)

不仅(男)孩子的性行为成为学校不得不面临和管理的问题,而且它成为普遍的公共问题,要求家长、医生和学校提出建议:

> 医生向教育机构的董事和教授提出建议,也向家庭提出他们的观点;教育工作者向当局提交他们设计的项目;校长关注学生,向他们提建议,著书劝勉他们,书中充斥着美德和医学的例子。围绕在校男生及其性问题,产生了大量的整套宣传物,包括戒律、意见、观察、医疗咨询、临床病例,概述了理想机构的改革和计划。
>
> (Foucault 1986d:310)

在这个意义上,不是压抑和制止男童的性行为,而是这些儿童被卷入"偶尔描述他们,偶尔讨论他们"的舆论网,并塑造了他们的性反应(Foucault 1986d:311)。

将男孩手淫视为病态的观念需要根除:

> 把这些脆弱的乐趣作为道具,它们构成一个秘密(强迫它们躲藏起来,因而可以发现它们),追溯它们的起源,从它们的起源追踪到它们的影响,寻找出导致它们或者仅仅使它们可能存在的一切。一旦有机会它们就会出现;监视装置准备就绪;随时请君入瓮;还有不厌其烦的谆谆教诲;家长和教师也时刻保持警觉,怀疑所有孩子都有罪,要是他们的怀疑不够坚定,他们就会担心自己出错……整个医学—性体制控制了家庭环境。
>
> (Foucault 1986d:322)

89

对儿童性行为的分析有趣的地方在于,它恰恰颠覆了福柯的分析:看似压抑和沉默的,事实上却是豁然开朗和滔滔不绝的讨论;而且,当权者似乎想去压制,实际上他们依赖于自己的运作。这完全不同于压制或禁止的传统观念,正如福柯所说的那样:

> 孩子的"恶习"并非敌人所想的那样;它可能已作为邪恶被清除掉了,但为这项注定失败的任务所做的非凡努力使人们怀疑,它要求的东西应持之以恒,应突破有形和无形的界限,而不是为了美好而消失。依赖于这种支持,权力得以增强,传播与效果变得多样化,当它的目标扩大、细分并一发不可收拾时,便以同样的速度进一步渗透到现实中。
>
> (Foucault 1986d:322)

因此,曾几何时,对性的分析可以看作是对权力运作方式的分析,尽管这些行为的意图在于控制儿童的性行为,但也产生其他的影响。

作为福柯性分析的一部分,他分析了我们现在可能称之为"虐待儿童",而当时他称之为"微不足道的乡村乐趣"(Foucault 1986d:312)。福柯描述了一件发生于 1869 年的法国男性农场工人的例子,该男子被指控犯有猥亵罪(用福柯的话说:"他从一个小女孩那儿获得了一些爱抚");他被逮捕,他的案件被宪兵们、一名医生和两名专家报道。福柯认为,本案的唯一意义就是它所呈现的一切琐碎的东西,"乡村生活里每天发生的性行为……从某一时期开始不仅变成集体宽恕的对象,而且成为司法诉讼,医疗干预,仔细的临床检查,整套的理论阐述"(Foucault 1986d:313)。当局无罪释放了农场工人,但把他锁在当地一家医院,直到他去世。很明显,福柯是站在同情他的一边:他指出:"在这些头脑简单的成人与警觉的孩子之间,几乎没有秘密的乐趣",而"这个愚蠢的村民给小女孩们几个便士作为好处,年长的女孩拒绝了他",特别是现在关注的恋童癖,这些"偷偷摸摸的乐趣"看起来并不微不足道。福柯要求我们分析这些性行为和从事者的分类方式,而不是依靠恋童癖这样的归类。

一些女性主义理论家们已经发现这种性分析的类型是富有成效的,这促使我们重新考虑对性行为的反应的那些看似不证自明的的性质。例如,尼古拉·盖维(Nicola Gavey)对异性恋女性进行了广泛的调查,并询问她们是否曾经与伴侣有过意外的性行为(Gavey 1993)。而她们大多数承认曾与伴侣发生过并不想发生的性行为,她们没有将这类行为归为强奸,因为她们认为男性和女性的性需求和欲望有所不同。由于男人和女人之间的关系仍然建立在不平等的权力观念上,盖维认为,有些女性发现很难拒绝与她们的伴侣发生性关系。这是因为许多异性恋女性是用允许和可行的矛盾观念来看待性关系的:"当关于妇女的性行为的支配性话语是建立在允许上时,她们忽略了诸如欲望这样更积极的概念,这也难怪女性往往没有真正理解允许的概念对我们而言意味着什么"(Gavey 1993:105)。

在另一项女性主义研究中,琳达·格兰特(Linda Grant)对媒体报道和治疗师们提出的约会强奸总是具有毁灭性影响这点提出质疑。她分析了约会强奸在过去15年的概念构建,对比了现在约会强奸的方式和1970年代她自己亲身经历的性遭遇,当时她被迫发生性关系。虽然她认为这次性经历不愉快并让她感到愤怒,但当她告诉另一个人时,她很惊讶地发现自己被强奸了。她说,以第三人称描述自己——也许是一个有效的策略。

91　　　　下午过后，她会完全忘掉前一天晚上发生的事。她不觉得自己被玷污了。她没有洗十几次澡，擦洗皮肤。她不觉得自己蒸发了。她没有叫警察。她没有告诉校方。她没有为难那个男人。她所做的只是告诉一些人发生了什么事，以及他这个人的特点——他是一个傲慢的，以自我为中心的混蛋……没有人觉得这个女人应该去寻求帮助。没有人拥抱她。她没有变得饮食失调，她后来也没觉得这件事是一个创伤。她只是把它看成一个糟糕的夜晚。

（Grant 1994:79）

　　这种类型的分析并不是要质疑暴力强奸女性所带来的创伤影响，很明显，这样的强奸和性滥用对女性而言是野蛮侵犯，并会带来严重的心理后果，但格兰特提请注意的是，约会强奸已建构成性行为的一种形式，引发了一些不同类型的行为。她质疑的是这组行为是否必然引发性经历的发生。因此，具有福柯思想的女性主义者试图质疑那些不证自明的性质——我们考虑性侵犯和我们对此的反应。

　　对身体作为话语演绎和运作场所的关注是福柯努力思考身份构建的方式之一，他没有堕入简单的自由人文主义（也就是说，假设个体具有稳定性，每个个体都是独一无二的）。他充满兴趣地考察了权力关系产生特定身份类型的方式。然而，福柯不是把权力仅作为压迫的场所，或仅仅确定某种身份，而是把它看作是在谈判和演绎中形成身份。福柯认为构建他所谓的反话语与反识别是可能的，也就是说，个体可以承担他被安排的丑陋个性，如"不正当性行为"，并陶醉于其中，而不是消极对待。因此，一些女同性恋者可能使用诸如"擎天"这样的词指代自己，而一些男同性恋者会积极

使用"女王"或"假鸳鸯"这样的词汇。事实上,描述反本质主义的
"女同"和"男同"理论的"酷儿"一词的使用恰恰是一个反认同的
例子,这个曾用于谴责我们的词成了赞美词。福柯分析了同性恋
的刻板形象:"在19世纪的文本中,对同性恋的刻板描述或倒置
是:不仅他的言谈举止,他的姿态,他打扮的方式,他的卖弄风情,
还有他的面部表情,他的骨骼,他整个身体的阴柔形态,经常被写
进毁谤性描述中"(Foucault 1985:18)。福柯关注的是同性恋形象
逐渐代表整个同性恋群体的方式,并认为同性恋行为和自我表征
间存在复杂的关系,因为"实际行为可以通过复杂的诱变和蔑视的
态度对这个形象产生回应"(Foucault 1985:18)。个体可以采取消
极的刻板印象,并有效利用它形成自己的个性元素,这些观点特别
被女同性恋理论家所利用。例如,罗宾·奎因(Robyn Queen)分析
了女同性恋展示自我的方式,她们往往对异性行为进行拙劣模仿,
同时混杂着女同性恋和男同性恋的古怪刻板模式,以及男性化和
女性化的行为(Queen 1997)。威廉·莱亚(William Leap)描述了
一个事件,当看到厕所墙壁写着"去死吧,混蛋",一位男同性恋者
回应道:"混蛋说的是你,废物"。就像莱亚所说的那样:"用恰当的
语言礼仪来申诉死亡的威胁是同性恋造句的特别美好的时刻"
(Leap 1997)。因此,福柯并不认为我们此刻的身份是稳定的,只能
从一个角度观察,而是表明,有许多方式可以颠覆性地使用这些由
其他人为我们规划的立场。对许多同性恋理论家而言,身份最好
被看成是操演性的,是一些我们实践并操演出来的东西,是一些我
们从现有话语实践中积累的东西,而不是我们拥有的东西(Butler
1990)。

　　福柯一直关注的一个问题是:自1960年代以来,人们寻求自身
性行为的真相。如果一个人得到性解放,摆脱所有规矩的限制,那

么可以说他在某种意义上是更加真实的自我。在 19 世纪,通过性知识的力量,个体开始"关注他们自身,解释、认识并承认自身作为欲望的主体,在他们自己之间产生确定的关系,即允许他们在欲望中发现他们存在的真相,无论是本能的或堕落的"(Foucault 1985:5)。不过,在《性史(第一卷)》中,福柯表明性解放的概念是一种错觉,"哪里有欲望,哪里就有权力关系:它是一种假象,由于事后实施压迫便谴责这种关系;但虚荣同样会追问超出权力范围的欲望"(Foucault 1978:151)。

　　福柯一方面分析了同性恋和儿童性行为建构的方式;另一方面也思考了女性身体和性行为被社会压力塑造的方式。女性的身体,尤其是中产阶级妇女的身体成为大量不同实践和话语体制的主题。女性主义理论家采用规训制度的概念,这点我们在第 1 章中讨论过,并用它来分析女性身体中女性气质的运作。规训制度就是监视人们的举动,遵守一系列关于控制食欲、运动和情感的规章制度。福柯在《规训与惩罚》中描述了规训体系,它们设立在 19 世纪的监狱和军队中,以确保这些机构的平稳运行;机构内部的人被迫服从命令并执行,甚至日常行为都得遵循一套严格的规定,这些规定已经内化,在某种程度上,它们已成为个体个性的一部分。资本主义生产从这些机构中移植了大量的技术,并创建了职业伦理,确保工人能吸收诸如守时、自律和精确的优良品质。同样,一些女性主义者认为,女性气质可以看作是规训制度。女性化的实现(如果它曾经实现过)是一个漫长的劳动过程,为了使身体符合女性的理想,需通过脱毛、化妆品、运动、节食和着装等方式。如何在身体上运作正是女性主义理论家感兴趣的地方。

　　然而,一些女性主义理论家认为,规训制度在这样的环境中毫无益处,因为它似乎在机构环境之外运行。诚如桑德拉·巴特基

（Sandra Bartky）所言，"没有人往枪口上撞"（Bartky 1988:75）。人
们向一些专家咨询，如何更好的控制女性气质，其实没有答案，我
们仍要问的是谁"在女性气质的规训制度上拥有领导权？⋯⋯规
训权力将女性气质铭刻在女性身体里，它无所不在也无处可寻；每
个人都是严格执行纪律者，没有人例外"（Bartky 1988:70）。因此，
虽然在女性气质里有很多规训制度的元素，但实际上，没有一个特
定机构能够担此责任，将它从其他规训制度中区别开来。女性气
质的规范背后缺乏机构代理人，也使得人们很难批判和改变
它——因此，英国工党政府承诺，为了改变近来青年女性对身材尺
寸的看法，他们着手改变女性杂志中展示的图像。

　　女性身体在特殊环境中似乎受到特殊话语框架的影响，这与
饮食失调有关。正如桑德拉·巴特基和苏珊·波尔多在她们关于
神经性厌食症的论文中描述的那样（Bartky 1988;Bordo 1989）。我
们看到福柯所谓的"微观权力"的运行，即权力在身体上的细微运
行。例如，身体严格的常规化规训实践和对象的协调，将以某种方
式训练身体"变得温顺"（Bartky 1988:61）。波尔多引用福柯的作
品，对方法进行了描述，我们可以追溯多个主题，它们作为观看身
体的方式运行着，对她来说，分析神经性厌食症尤为重要（Bordo
1989）。对心灵或思想本身的真实自我而言，身体的体验是陌生
的；它受到约束和限制；身体是敌人，是逃脱我们控制的某种东西。
这些关于身体的思考方式被用于不同的历史时期，有时一致、有时
有分歧。厌食症患者的目标是扭转这些分歧，以便控制自身（不是
他们身体的部分）。

　　巴特基认为，反对某些女性气质无效形式的女性主义运动不
可能成功，因为许多妇女寄希望于这些议程：

　　妇女……像其他技术工人一样,在她们技能持久性方面
下了赌注,不管获取它们要花多大的成本,除此之外的问题
是,她们起初是否无法获得这些技能,尽管作为某种性别,她
们原本可以过得更好。因此,女性主义……用某种去技能化,
即人们通常抗拒的东西威胁女性;除此以外,它引起人们对个
人认同方面的质疑,这种个人认同感有赖于成就感的发展。

(Bartky 1988:77)

结　论

　　因此,关于身体和性的福柯式分析认为,对那些理所当然的因
素进行陌生化,并挑战任何声称身体本质是不变的论断很重要。
福柯关于性的思想促使人们对性选择、性偏好和性认同之间的关
系提出质疑。福柯的作品也对重新思考同一性本身产生影响,并
促使人们关注操演性,而不是同一性的本质主义观点。他分析了
机构和身体之间的关系,以及权力关系在身体上的运行方式,但他
没有注意到身体在这个过程中的被动性,他关注了对控制进行反
抗的可能形式的记录,同时也关注了规训对自身进行控制的描述。

质疑主体:疯癫和理性

福柯写了许多书和文章质疑个人主体的稳定性。例如,正如我在前面章节讨论的那样,他写作《性史》的目的是,质疑一个人喜欢与某类人群发生某种类型的性行为,是否意味着他是特殊类型的个体,从而使性别和性认同的概念变得不稳定。在《知识考古学》(1972)和《事物的秩序》(1973)中,福柯试图发展一种分析的形式,关注于话语在构建个体时的客观和抽象的力量,因此提出个体概念的问题,该个体不再作为话语发生作用之所在,正如我在第2章中讨论的那样。此外,福柯还分析了一个主题,它处于个体概念的核心,即心理疾病概念的构成。虽然福柯大部分的学术训练都是在哲学方面,他在获得第一个学位后,为了心理学的高等学位和病理心理学文凭,他又做了训练,并曾在精神病院工作短暂时间,对囚犯进行心理评估;对心理学的兴趣体现在他的许多作品中,最著名的是《疯癫与文明》(1967)。他本人长期抑郁并多次自杀未遂。部分原因可能是由于这个时期他同性恋身份的公开给他带来的巨大窘迫,但这确实表明,"他对心理学的显著兴趣源于他自己的生活"(Eribon 1991:27)。这些关注于挑战我们传统的对精神疾病和性的观点,促使福柯强调分析的重要性,即抛开个人主体的概念,而把主体看成是话语和权力关系的结果。

福柯在《疯癫与文明》(1967)中写到,疯癫是由社会建构的,其机构已有深远的影响力,他的作品出现在英美非传统的精神治疗运动时期,试图挑战精神病的医学化,并逐渐发展起来。福柯的目的是试图证明疯癫行为并非稳定的状况,精神病应被视为"(人类)在历史上被边缘化的社会矛盾的结果"(Foucault,引自 Eribon 1991:70)。这些社会矛盾随着时代而变迁。他把疯癫看作是历史上特殊节点的产物;疯癫被看作是用来限制理性或理智的,它在疯癫和理性之间设置了明显的界限。疯癫也是构成现代性发展的广泛进程的一部分,因此作为进程的一部分,认识型从基于宗教的解释转向基于医学的分析:女性主义地理学家,利兹·邦迪(Liz Bondi)和埃里卡·伯曼(Erica Burman)借鉴了福柯的作品,她们认为:"个体经验的生产和评估从道德宗教转向世俗和医疗方式——根据福柯式的分析——使之转向现代性,伴随着其他生产和消费实践,这标志着理性资产阶级的诞生,我们可以增加文化阳性——个人主体"(Bondi and Burman 2001:7)。唐纳利甚至认为,"早期的精神病学有助于构建'疯癫'的客体,它后来发展成治疗"(Donnelly 1986:18)。这似乎是对精神病学发展过于意向性的叙述,但这种说法也有一定的道理。福柯分析疯癫史的方法"不是去追问某一时期,作为精神病或正常行为的理性或疯癫被如何看待,[而是]……追问这些区分是如何运作的"(Foucault 1991b:74)。因此,正如他分析真理和知识的建构那样(在第3章中讨论),他感兴趣的是疯癫是如何存在的,疯癫作为一个类别,哪些工具使它保持流通,哪些过程被用于区分疯癫与理智。

福柯不是把疯癫具体化,而是追溯疯癫在整个历史中不同形 99
式的建构方式和判断方法。因此,不应用我们现在西方所用的消
极的方式看待疯癫,大卫·库珀(Davia Cooper)认为,阅读福柯的
《疯癫与文明》时,"人们意识到我们经验中超凡魅力或感召力领域
的丧失,陷入一种悲痛感,体验到伪医学范畴的绝望领域,临床精
神病学正是起源于此"(Cooper,introduction to Foucault 1999:viii)。
像幻听、幻觉、歇斯底里、言语混乱等行为,这在历史的其他时期,
被视为灵魂或上帝所有,或是天使的显现,应受到教会的重视和认
可,而现在却必须被监禁,并接受药物治疗。福柯发现疯癫概念化
过程中的变化:

> 在文艺复兴时期,疯癫无处不在,它的想象或危险掺杂在
> 每一次的经验中。在古典时期,疯癫被展示,不过是在栅栏的
> 另一端;而现在它处于遥远的理性的注视下,理性和它没有任
> 何关系,并且不会向与它相似的东西妥协。
>
> (Foucault 1999:70)

福柯还展示了在古典时期,疯癫不像现在这样被视为一种疾病,而
是被看作兽性的表现;在《疯癫与文明》中,福柯评论道:"疯癫肆
虐,侵占了男人的本性,使他充满兽性。不是为了把他交给其他权
力,而仅仅是把他置于自身本性的零度上"(Foucault 1999:74)。当
我们分析21世纪疯癫被对待和解释的方式时,我们发现那些被认
为是精神病的人得到治疗和监禁,甚至在社区里受到照顾,这些都
假设了一种非常不同的疯癫和治疗模式,记住这点很重要。如果
疯癫被视为兽性的缩影,那么唯一的治愈方式就是用惩戒和暴行

去遏制这些激情;如果疯癫被视为大脑的内分泌失调,或儿童时期创伤压抑的结果,那么唯一的治疗方式是利用药物恢复化学平衡。福柯促使我们面对发展于18世纪的疯癫的怪异疗法,那时疯癫被看作是体液失调造成的。对患者进行输血,把患者突然浸入冷水中,强迫他们咽下苦味剂。过去这些对待疯癫的怪异方式迫使我们思考我们对待精神疾病的奇异方式,即疯癫现在作为一种病理学,采用禁闭、药物或电击疗法。

　　福柯并不认为疯颠和理性之间存在不言而喻的区别,他在《疯癫与文明》(1974)中考察了机构变革的方式,例如禁闭屋的使用,促成了这一区分的发展。福柯描述了疯癫制度化的方式,它从12世纪的实践中发展出来,对那些患了重大传染性疾病——麻风病的人实行隔离。为了防止麻风病蔓延到其余人口,欧洲从12世纪起建立麻风病院。仅英格兰和苏格兰,12世纪就建设了220座麻风病院。由于这次隔离和十字军停止东征,来自东方的传染源大部分得以清除,到16世纪,麻风病在欧洲几乎很少蔓延。在17世纪,曾被建成麻风病院的医院成为收容所,收容那些被归类为"社会无用的人";包括懒人、穷人、诽谤家庭的人和那些行为怎么看都不正常的人。所有这些不能或不愿工作的人,都被归于此类并受到禁闭。福柯认为禁闭这些没有工作的人,部分是由当时的经济条件决定的,但他并没有把这一措施简单概括成是经济力量的削弱,因为他指出,即使经济好转,穷人仍被禁闭并被迫劳动。在这一禁闭过程中,让福柯感到震动的是究竟有多少人被禁闭,他称之为"大禁闭":福柯表示,"住在巴黎的每百户居民中不止一人发现自己被禁闭[在其中一个禁闭屋中]"(Foucault 1999:38)。仅巴黎总医院就住有6 000人。对各种不同群体进行禁闭不是因为医学无能或矫正禁闭者的目的。这引发了对疯癫医学化的近代性的关注——将疯癫归类为一种精神疾病。

在 19 世纪,这些禁闭屋一开始仅被用于禁闭那些精神失常的人,在《疯癫与文明》中,福柯认为:

> 收容所变成[麻风病]屋,在鬼魂出没的地方,正如道德世界。古老的驱逐仪式又复苏了,但只用于生产和贸易领域。它注定在这些领域并且鄙视懒惰,在这些地方被社会发明,该社会从法律运作中衍生出伦理的超越,疯癫出现了并很快扩散,直到它吞并这些领域……19 世纪会认同,甚至会继续疯癫,把疯癫传递到 150 年前的这些领域,在那里人们试图把穷人、流浪者、失业者关起来。
>
> (Foucault 1999:57)

虽然多数批评家可能看到了收容所在 19 世纪的改革,不再苛待患者,以前患者被拴起来,如今他们得到怜悯的治疗,他们的疾病被倾听,也不再被中产阶级视为"怪物秀",在这些被诊断为患有精神病的人得到细心治疗的自由化时期或时代,福柯认为,这不应把它看成是条件的简单改善:"收容所不再惩罚疯子的罪过……相反它做得更多,它管理罪过。它作为自我意识为疯子管理罪过"(Foucault 1999:252)。因此,不同于其他任何疾病,精神疾病的诊断似乎也意味着个体部分的缺陷,他们可能会受到谴责,福柯认为:

> 收容所……不是观察、诊断和治疗的自由王国;它是一个人被指控、审判和谴责的法律空间,而且身处其中的人从未被释放过,除非他受到心理深度的审讯,即悔恨。疯癫将在收容

所受到惩罚,即使它在外面是无辜的。很长一段时间以来,直
到我们死亡那天,它一直被囚禁在道德世界。

(Foucault,引自 Eribon 1991:97)

102　　这导致对精神疾病的歧视,即使心理伤害明显是社会条件、性虐待
或贫穷导致的结果,个体仍被认定为犯错或被谴责。正如一些女
性主义理论家所说,"心理健康服务……有助于维护社会现状,它
将社会不公平造成的心理伤害与不幸命名和处理为'疯癫'"(Wil-
liams *et al.*2001:98)。同样,我们需要批判性质疑的是,自 1980 年
代以来,英国把一些人放入"社区照顾",是否对那些人一定就更
好。关闭收容所似乎是根本性的进步,但是以社区的条件,住在旅
馆或大街上,没有足够的基金支持,必须强制药物治疗,这意味着
我们无法看到使这些人更自由的所谓自由化。此外,许多人认为,
这些经历精神危机的人,与过去相比,现在得到了更多的尊重和尊
严,但福柯让我们又一次质疑我们的假设。疯癫的医学化缓解了
许多人的痛楚,但也导致了对精神疾病更大的歧视,而且把疯癫的
"治疗"置于专业精神病学家和治疗师的手上。

　　正如我上面所述,福柯描述了某几种行为类型逐渐被认为是
反常的,并且是精神疾病的特征。女性主义理论家,诸如多萝西·
史密斯(Dorothy Smith,1990),她在关于精神病的文章《K 是精神
病患者》中,引用了福柯的作品来说明区分的复杂过程,即哪些行
为我们能容忍,哪些行为我们感到需要被归为精神病的表现。她
分析了一个朋友圈逐渐注意到其中一个人身上的孤僻行为的某些
形式,她称这个人为 K。通过相互讨论,他们得出结论,她患有精神
疾病,必须就医,最后把她关进收容所。史密斯并非暗示 K 没病,
她关注的是精神病被决定的过程。这是一个散漫的过程,它根据
社会规范和我们希望人们如何表现来制定参照。对异常行为的看法

的变化正如福柯所展现的那样;过去,如果人们表现异常,他们大多被放任不管或被污蔑为没用的人,但精神疾病的医疗化有时导致强制禁闭和治疗,在《女性评论》关于精神病的特刊中,这被称之为"个体化、非政治化、[疾病]的生物学理解"(Alldred *et al.*,2000:1)。因此,事实上可以看到情绪问题现在基本上都归为需要医疗干预的精神疾病。许多女性主义者,如伊莱恩·肖沃尔特(Elaine Showalter),分析了那些有时被贴上精神病患者标签的妇女,她们对加诸于妇女身上的社会习俗和束缚进行反抗(Showalter 1987)。因此,疯癫与理性的区分常常与社会建构的正常与非正常之间的区分混合在一起,这意味着任何看似异常的行为都可能被贴上精神疾病的标签。

女性主义理论家借助福柯的作品,对施用药物"治疗"精神病患者的方式提出质疑,事实上,一些女性主义者试图赞美,或至少以不同的方式观察,那些被其他人看作是异常的行为。我在前面的章节中提到一起清晰的反认同案例,女性主义理论家和活动家萨沙·克莱尔·麦金尼斯(Sasha Claire McInnes)说:

> 今天,当我痊愈时,我心花怒放(躁狂症),害羞内向,并深思熟虑(社交恐怖症),易怒并沮丧(月经前不快症),窒息并压抑(创伤后应激障碍),悲伤并忧郁(抑郁症),易怒、快乐、外向、放纵(狂躁)渴望并期待尊重(边缘型人格障碍)以及恐惧(焦虑症)。所有这些感觉和其他感觉现在对我而言都弥足珍贵。我想要这些感觉。我想要所有感觉。我选择并珍惜大脑、思想、心脏麻痹药品支撑下的半条命,这正是我人性和活着的混乱。

(McInnes 2001:164)

从麦金尼斯的引用中,我们可以看到,一些人敏锐地意识到他们的行为被医疗机构和精神病学家所描述,后者认为这些"症状"需要治疗并能痊愈。麦金尼斯对这些行为有另一种看法,她把它们界定为"其他人引起的身体和社会的疾病,强调了积极因素,即使它们似乎给她带来了一些苦恼。

福柯关于疯癫与理性的区分以及精神病的建构性质方面的著作,在很多方面产生深远影响,诸如对女性主义理论家,他们认为,对妇女被认定为精神病患者的方式,以及那些遭受精神痛苦,且发现自己被医疗机构以特殊方式治疗的人进行分析很重要。福柯争议性的作品在本质上是对人类个体本性的基本分析,是对动摇主体性的呼唤。

无主体的理论化

因此,正如福柯关于性和疯癫方面的作品所展现的那样,福柯在《知识考古学》(1972)和《事物的秩序》(1973)中,对个人主体或自我的稳定性提出根本性质疑。从对个人主体的分析到对主体构造的分析的转变,福柯对 19 世纪人文科学发展之际的学者为何转向分析"人"感兴趣,事实上,他认为,这种关注不是巧合,而是必然的关系。在题为"批判理论/智识理论"的专访中,福柯指出:"当法国的科学历史学家对科学对象是如何构成的问题真正感兴趣时,我问自己的一个问题是:人类主体如何将本身作为知识的可能对象? 通过哪些合理形式和历史条件? 最终付出什么代价?"(Foucault 1988c:29/30)福柯所关注的不是自身在知识发展中的自然过程,而是指出,需要审视对自我的分析,无需从积极的方面看待对主体的分析。

福柯认为,作为知识对象的"人"的出现是认知的转变,是社会

概念化的剧变。"人"的出现对表达有深远影响,正如批评家休伯特·德雷福斯和保罗·拉比诺所说的那样:

> 表达突然变得不透明。只要话语提供了表达的透明介质,其语言元素与世界的原始元素相一致,表达就毫无问题。上帝在确立联系前已经安排了一条语言链。人类碰巧有能力使用语言符号,但人类作为会说话的理性动物,仅仅是一个能够从正确定义中解读本性的生物,它可能被安排在适当位置上考虑。任何有限的存在无需使表达成为可能:描述中没有生物假设的空间。
>
> (Dreyfus and Rabinow 1986:27)

105

福柯在《事物的秩序》中认为,从"人"是不可描述的古典认识型,转向关注描述并分析"人":"在古典认识型的总体布局中,自然、人性和二者的关系是明确和可预测的功能性瞬间。人作为最重要的现实有自己的密度,作为所有可能知识的复杂对象和独立主体,它无处安放"(Foucault,引自 Dreyfus and Rabinow 1986:27)。

对我而言,福柯在分析医学发展中的"人"时,他思想中最有力的因素是对传统观点的成功逆转:他展示了尸体解剖和检查的方式,开启了关于生命进程的医学知识的开端。为了辨认那些只在人体外表显示的症状,医生不得不检查尸体内部。一旦发现解剖的使用,福柯在《临床医学的诞生》(1973)中说道:"生命、疾病和死亡现在形成技术和概念上的三位一体。"他接着说:

> 我们文化中首个科学论述是个体不得不经历死亡阶段,这是一个不容置疑的事实。在西方人的眼中,他把自己作为

科学的对象构建自身,在自己的语言中理解自身,屈服于自身,给予自身,在自我抹除的缺口中创造话语的存在:在非理性经验中诞生了心理学,诞生了心理学的可能性;在死亡与医学思想的融合中诞生了作为个体科学的医学。

(Foucault,引自 Eribon 1991:154)

106 福柯进一步分析了"人"的出现作为人文科学的对象,他还认为,"人应当摆脱构成性主体……在历史肌理中获取可以解释主体构成的分析"(Foucault 1978:35)。因此,福柯研究人文科学的发展,他的目的是发展一种分析形式,该形式完全不关注主体,只关注它应运而生的话语过程。在《临床医学的诞生》(1975)中,福柯开始追溯关于人的本质的分析过程;他认为,"在医学论述范畴内,个体首次成为积极知识的对象"(Foucault 1975:27)。福柯有一句颇具争议的格言,他通过类比尼采的上帝之死,提出对人的死亡的解释:

无论如何有件事是肯定的;在人类知识引发的问题中,人既不是最古老的,也不是最永恒的问题。举一个限制地域范围内的历史相对较短的例子——16 世纪以来的欧洲文化——我们可以肯定的是人是其中最近的发明。在黑暗中潜行了许久,但并非是关于他或他的秘密……正如我们思想的考古学多半显示的那些,人是最近日子的发明。他也可能接近结束。

(Foucault,引自 Eribon 1991:159)

因此,福柯不满足于无主体的理论化,他认为,在诸如社会学、心理学这样的人文科学中,当下我们对人本质的分析的痴迷将很快结束。在 1966 年的一次访谈中,当被问到,在结构主义者描述的系统

背后是什么或是谁,他回答说:

> 无主体的匿名系统是什么,想什么?"我"已经分解了……"存在"的发现。存在一个"一"。通过某种方式,人们回到 17 世纪的观点,但有所差异:不要创造一个人,除非是在上帝的位置上,用匿名的思想,无主体的知识,无同一性的理论。
>
> (Foucault,引自 Eribon 1991:161)

因此,福柯关注的是,是什么促使某些事物被思考和言说,而不是阐述这些想法的个体。比起个体在这些抽象话语中为自身开辟领域的方式,他更关注分析运作中的客观话语过程。

107

这个旨在摆脱主体的有趣分析与许多批判性思维存在争议,事实上,它与很多常识思维产生冲突,这类思维"理所当然"的关注个体和同一性。然而,福柯迫使我们思考西方对个体独特性的关注,通过话语结构的特殊形式来做决定,这往往使得个体看起来不言自明。

结 论

福柯关注了疯癫与理性之间区分方式的变化和精神疾病的发明,而不是关注个人主体,这促使我们在分析机构、政府、家庭和个人主体之间运行的顺从与反抗的过程。福柯反精神分析的立场在理论层面是富有成效的,促使我们将主体视为权力关系的结果,而非先于这些关系或受其限制的事物。福柯是唯一一个不关注心理和情绪痛苦分析系统的发展,而分析精神疾病的理论家;在某种意义上,对他而言,自我和个体都很无趣,事实上,正是它们限制了我们对主体的思考。

比他的成绩要好得多——他的自我性情变得难以理解。

（福柯的中学报告,1945,引自 Eribon 1991:22）

任何一本旨在向读者介绍特定理论家作品的书,只能对福柯的著作做出整体概括,对如何理解和使用福柯给出建议。本章的目的是试图把关于福柯作品的各种章节的建议做一个汇总,对他的理论立场给出建议,该立场或许有助于文本分析和进行更加全面的分析。然而,需要牢记的是福柯并没有一个理论立场。事实上,福柯表示,他之所以引起众怒的原因恰恰是他没有统一的立场(Foucault 1991b)。其他人可能认为这正是福柯吸引人的地方。

阅读福柯

福柯,像这个时代许多其他法国理论家一样,由于种种原因,阅读他们相当困难,部分是因为他们的文体,部分是因为他们的内容。在内容方面,在福柯的很多著作中,他假设一部分读者对广泛

110　的哲学思想和理论家都很了解,如尼采,海德格尔,黑格尔和马克思,而对许多英语国家的读者而言,并不总能产生共鸣。他也假设他的部分读者具有跨学科的思维能力(即,例如从历史和哲学的角度思考有关心理学的问题),而对很多人而言,适应跨学科的作品是相当困难的。此外,他所处理的主题也不是其他理论作品理论上会"出现"的,严格来说,他可以看作是建立了某个全新的主题理解方法。

说到文体方面的困难,他的句子在复杂的语法结构方面令人烦恼,但却是法国哲学作品的论证传统,特别是法国后结构主义理论的一大传统话语。福柯其中一本书因为论证和风格的晦涩受到批评,对此他作出回应,"我很愿意承认风格让人难以忍受;我的缺点之一是不够清晰"(Foucault,引自 Eribon 1991:84)。基于很多其他原因,除非是最无畏的读者,福柯的写作风格和论证形式有时使所有人望而却步。

使用福柯的方法

一些理论著作的"应用"并不容易。事实上,理论应当始终且只有被应用这个想法是存在问题的。福柯本人曾试图探究理论和分析的区别,他说:"理论无法表达、翻译或应用于实践:它就是实践"(Foucault,引自 Kritzman 1988:xix)。然而,当我们通常在学术语境中阅读理论著作时,我们正在阅读的理论与我们对它的使用之间有时存在断层。福柯的著作往往见解深刻,但如果最大化利用它有时很困难。有时,读者不得不使用福柯作品中某些脱离语境的要素:这是"使用"福柯的最坏情况,全景敞视监狱成为图书馆、车站、超市等建筑的布局原则,而在一些特定流派(女性写作、

111　后殖民主义写作等)的作品中,他们研究疯癫与理智间的区分,仿

佛福柯的作品就这样被简单描述。例如,一些批评者描述了福柯
关于精神病的建构性质的分析,以及疯癫的特征和构成要素随着
时间变化的方式,他们用类似的方式追溯了一些作家的文学作品,
如夏洛特·帕金斯·吉尔曼(Charlotte Perkins Gilman,1973/1899)
的《黄色墙纸》(The Yellow Wallpaper),或者肯·克西(Ken Kesey,
1973)的《飞越疯人院》(One Flew Over the Cuckoo's Nest)。在这类分
析中,福柯的作品被用于主题层面,他的研究结论被认为与文学家
所从事的这类探索类似。在这里,福柯的作品成为文学探索的催
化剂。这种使用福柯的主题方法仅仅是对福柯思想的重复,而不
是使用。因为福柯认为质疑思考的方式很重要,而不是简单地设
置主题去应用,最好是专注于思想和观念的批判。

当分析文本或事件时,福柯思想中的某些元素使用起来特别
有效。福柯所运用的方法论观点值得重点关注,不过需要记住的
是,福柯并没有发展出一套完全起作用的方法论观点,他对阐释一
种类型的观点提出批判。这些观点和方法包括以下要素:

1 利用档案

在福柯所有的理论作品中,使用的档案数据非常多。他曾在
各种不同的图书馆工作过,例如巴黎的法国国家图书馆,也曾在瑞
典的乌普萨拉、德国的汉堡一些不起眼的大学图书馆工作过,在最
晦涩的文本中利用档案获得最多的领悟。在他的那本关于谋杀犯
皮埃尔·里维埃供词的作品中,他表示,他之所以使用如此晦涩的
文本是基于以下原因:

> 　　像里维埃案件那样的文件,应当为特殊种类知识的全面
> 审查提供材料,这些特殊种类知识(如医学、精神病学、心理
> 学)的形成和运作涉及机构与指定的角色(如法律涉及专家、

被告人、精神病犯罪等），它们为我们提供权利关系、统治和冲突的关键，话语在其中出现并运作。这些文件为话语（甚至科学话语）的潜在分析提供材料，这些话语可能是策略的和政治的，因而也是战略性的。最后，它们提供某种手段，可以获得让特定话语紊乱的权力，如里维埃的话语以及整个策略，通过这些策略，我们可以尝试重构它、定位它，给它疯子或罪犯的话语身份。

（Foucault，引自 Eribon 1991：235）

在他的整个职业生涯中，福柯选择研究非规范的晦涩文本，正是因为它们为分析提供了如此丰富的可能性。

福柯倾向于研究那些其他人认为不值得关注的主题领域，例如，杀人犯的自白，虐童癖的案件纪录，关于儿童自慰的文档等。当前的理论作品涉及广泛的主题领域，考察更平凡、世俗和更转瞬即逝的文本已成为关注上的重大转变，毫无疑问，部分原因是因为福柯的作品。但福柯并没有为了捕捉特定时期的趋势或主题而分析不同的资源，而是探究在某个时期内流通的表达的可能形式。

2　保持怀疑

福柯主张深刻而彻底的怀疑主义；他是这样描述他的事业目标：

在消除关于疯颠、常态、疾病、犯罪和刑罚的某些不证自明和老生常谈方面，给予一定的援助；为了使它和其他的一起发生，某些习语不再轻易说出口，某些行为至少也不再随意执行；为了改变人们感知和做事的方式；为了到达感受性形式和忍耐的极限。

（Foucault 1991b：83）

在借鉴福柯作品的理论家看来,对素材持彻底的怀疑主义往往导致最大的困难,因为它可能与犬儒主义混淆。然而,福柯作品所做的是悬置判断;而不是假设某个事件的特定分析是"真实的",然后收集一系列"事实"支持论点,福柯认为我们应该批判我们的立场。

在人文科学和社会科学中,甚至在那些对自己所谓的客观性引以为豪的科学中,判断是很多批判立场的隐蔽因素之一。福柯认为:

> 人们喜欢判断的程度令人吃惊。判断无处不在无时不在。它也许是人类习惯做的最简单的事。你很清楚,当放射线终于把[他们]最后的敌人化为灰烬时,最后的[人]将坐在摇摇晃晃的桌子后,开始对个体的责任进行审判……我禁不住想象一种不做判断的批判。

> （Foucault 1988：326）

因此,假定过去劣于现在,我们所取得的巨大进步是一种价值判断,这在福柯式的框架中需要避免。这种假设可能明确做出或在预设中成立,例如,在一些主张中,欧洲以外国家的"原始"或"简单"的生活性质被描述为"发展中国家"或"前工业化";这里我们暗暗假设了所有国家的经济发展都沿着西方资本主义国家的线性轨迹;"发展中"国家的评价暗示了"发达"和"工业化"必然比其他经济发展形式好。因此,福柯呼吁我们在分析时悬置我们的判断。

3　不要做次级判断

盖文·肯德尔和加里·威克姆认为,"在有效的福柯式的对历史的使用中,悬置判断很大程度上是暂停对其他人的判断,而不是那些你认为是对自己的判断":这些你没有对自己做出的判断被称为次级判断(Kendall and Wickham 1999:13)。他们认为,这种类型的判断可能蔓延到我们的分析中,"当任意被研究的对象的任意方面被赋予一种状态时(或许该状态被标记为"原因",或许是一些能从另一项调查中获取权威的东西"(Kendall and Wickham 1999:13)。这种形式的分析处于元理论水平,它分析了已经渗透到我们论点中的价值判断,因为我们已经在不知不觉中采纳他人的理论视野。拒绝次级判断可能会引发一种不带政治主张的分析。不过,这是福柯式策略最卓越的地方,你可以在自己的分析中询问它是否足以成为分析的一种形式——仅仅提供技术说明,而不对你积累的材料提供解释或主张立场。

4   寻找可能性而不是原因

福柯思想中最意义重大的元素之一,是他并不试图解释事情为何有时会以任意的简单方式发生,而是把事件看成是多因素决定的,也就是说,它们有多重可能性原因,这些原因的结合导致事件的发生。福柯的思想使我们意识到,如果条件有些许差异,我们正在分析的事件不一定会发生,或是以不同的方式发生。一些重大的政治变化是由一系列不同的政治和非政治事件结合引起的。例如,1980年代的尼尔·基诺克(Neil Kinnock)作为工党的领袖,关于该政党没有当选的事实有各种解释。记者和政治分析家倾向于关注这些解释中的一个,将其作为主要因素,例如,他的修辞风格似乎不合时宜;他的经济政策与中产阶级的需求不一致;工会似乎与工党形成过于紧密的联盟等。在福柯式的分析看来,这些原因当中没有一个可以看作是选举失败的唯一原因。所有这些因素都对失败起了作用,因此,人们只选取一个微不足道的非政治性因素,例如,大选前基诺克在谢菲尔德工党集会上煽动人心的演讲风格,出于一些无法解释的原因,它往往被认为是工党失败的原因,

将一些其他因素融入到特定结果中。福柯感兴趣的是他所谓的
"事件化"（eventalisation），即：

> 在那里奇异性是可见的，对历史的永恒是一个诱惑……
> 表明"事情不像必然的那样"……事件化意味着发现联系、相
> 遇、支撑、封锁、作用力、策略等，在某个时刻，它们被看成是自
> 证的、普遍的和必要的。在这个意义上，其中某个确实影响了
> 一种或多种原因。
>
> 　　　　　　　　　　　　　　　　　（Foucault 1991b：76）

我们习惯于在研究中寻找明确的原因和结果，但福柯认为，我们应
当追溯某些事件发生的方式，考察偶然事件在发展中可能或不可
能起的作用。因此，不应把资本主义看作事件发生的决定力量，而
应把它看成是导致某类事件发生的众多作用力之一。同样在一些
性别研究中，有种假设认为性别导致行为的差异——即某些人是
男性所以他们表现为某种方式。福柯式的性别分析只是把性认同
作为在特定行为模式中起作用的众多因素之一，事实上，这类分析
认为，性别化过程是被行为本身所塑造（Mills，即将出版）。在谱系
学分析中，福柯认为，我们需要分析不可预见性，这样我们可以从
当下的自我限制中超脱。

5　研究问题，而不是主题

　　当我们试图使用福柯的作品时，如果我们从研究历史时期或
主题的概念开始，那么我们可能会发现福柯没多大用处。但是，如
果我们着眼于问题，诸如少数族裔与机构之间的关系，或社会对残
障人士的歧视，福柯的思维方式可能有用得多。这并不是说，福柯
对他所重视的问题一定会提供解决方案，因为他的方法无法解释。

然而,尽管福柯的目的不是对他分离出的问题给出普遍的解决方案,我们仍能发现他所选的例子都隐含着论证和解释。他选择研究女性、同性恋者和儿童的性的方式,不是无的放矢,而可能是出于判断或政治立场。

6 不要过度归纳你的研究结果

福柯在分析具体文本时,对归纳问题有明确的意识,他说:"我不想让我所说的东西普遍化:相反,我没说的东西并不意味着它不重要不适合说"(Foucault 1991b: 73)。尽管这个陈述有复杂的多重否定,福柯在这里想说的是:考虑到事件的复杂性和多因素决定性的特点,所以做出归纳很困难,但这并不意味着无法说出任何东西,除非是关于事件细节的最具体的描述。然而,尽管可能做出概括,但对特定时间的文化进行宏大叙述时,必须特别小心。不过,福柯本人喜欢概括特定时间的现状,但他的分析应看作是对某些趋势的说明,并不真正代表整个文化。

这六个指标并不是福柯方法的明确指导,但应该能帮助你制定出福柯式分析的形式,不是福柯主题的简单重复,而是运用他的思想并把它们与你关注的问题融合起来。

福柯作品对文学分析的影响

许多学文学的学生看了这本书后可能会想:"这一切和文学分析有什么关系?"因为福柯从未被认为是文学理论家。事实上,在我讲授的"批判理论"课程上,不少学生提出:"福柯对哲学和抽象层面感兴趣,但我怎样才能用他的作品分析文学,我怎样才能把这类理论作品整合到文章中?"正如我在这本书中通篇强调的,答案是使用横向思维模式。与其把福柯的作品硬塞进文学文本的分析中,倒不如把我们的注意力转向福柯分析的方式,在这个基础上分

析文学。福柯的作品在元理论层面上分析文学很有用（就是说，使
我们能够描述文学是以何种方式生产出来的——大学里讲授的，
评论家写出来的，中产阶级谨慎讨论的，表现得与大众文化截然不
同等），而不是在分析层面（即，使我们能够对文学文本中发生了什
么发表评论或者解释）。有些人认为可以在文学文本的分析中使
用福柯，但我希望在这一节中，我将能够证明，这种分析普遍是以
类推的方法使用福柯的理论作品，而不是分析方法；也就是说，他
们的目的似乎是要表明，这些思想出现在文学的主题层面，它与福
柯思想有相似性。

1　文学作为话语

福柯的文学品味，像他的音乐品味一样，往往是相当极端的先
锋派，他对这类文学的评论也往往是相当令人惊讶的描述。他的
理论已被一些批评家采用，如后殖民批评家，爱德华·萨义德认
为，我们应该把文学文本作为一个更大的话语结构的部分进行分
析，而不是假定文学相对于其他文本有独立的、特权的地位（Said
1978；1993）。和萨义德一样，新历史主义批评家也受益匪浅，如斯
蒂芬·格林布拉特（Stephen Greenblatt）（见下文）认为，文学与其他
文本一样都是最好的研究对象，如旅行写作、科学写作、散文，以便
把文学文本与话语语境联系起来。历史学家，例如海登·怀特
（Hayden White）认为，必须让人们知道历史文本应与文学文本共
享语言密码；因此，无论是使用叙述、聚焦、观点，文学和历史文本
都在特定的语境中使用相同的话语资源（White 1987）。

批评者利用福柯的作品，试图勾勒出文学作为 19 世纪值得研
究的学科，它被建立的方式（Eagleton 1983）。当文学出于研究目的
第一次被介绍进大学时，有必要让它与宗教研究结盟，以便获取批
准（在圣经批评与文学批评之间寻找相似处），并试图使文学研究

118　看上去更科学。以这种方式,文学被看作是一个严肃的研究课题。作为一门正规的大学学科,文学结构的分析促使我们格外认真分析文学理论的"科学"趋势的繁盛时期,从新批评到结构主义和后结构主义。一个福柯式的文学批评将分析授权的变动,这种变动是由文学评论家和理论家制造的,目的是为自身获取权威立场。

福柯式的分析可能会质疑文学文本的稳定性和必然性。例如,麦克盖恩(McGann)分析了拜伦的《唐璜》(*Don Juan*)在1818年的复杂出版史,因为担心被指控诽谤和亵渎神明,该文本首次出版的昂贵版本没有署作者的名字,后来一些激进的出版社以便宜的盗版形式出版,这对不同的受众产生了非常不同的影响。在麦克盖恩看来,该出版史的例子:

> 说明文本在文献意义上的不同,体现了不同的诗歌(在审美意义上),尽管事实上二者的语言完全相同。其次,这个例子也表明,印刷或出版文学作品的方式为作品本身承载着巨大的文化和审美意义。最后,我们可以初步看到,通过这个例子,艺术作品的本质特征并非自成一格,而是包含了特定的社会综合群体行为的加工的结果。

(McGann 2001：293)

因此,福柯式的分析可能会关注的是:文本的解释部分取决于它出版的形式。

2　作者

正如我在这本书中数次提到的那样,福柯质疑作者的身份,特别是利用作者的形象使多部作品的主体保持一致,并把过于简单的发展思想强加给他们。传统的文学分析往往试图了解作者和他们的关注点,以便丰富我们对文本的理解。但对福柯而言,这些信息在本质上毫不相关。他可能会说,作者的传记是有选择性地建构的;传记在事件上强加了一股叙事凝聚力,它只描写对人们生活特定方面有吸引力的事件。特别是在文学传记中,我们所知道的关于作者的信息,事实上可能是传记作者心中详尽解释文学文本后精心选择的,并可能借鉴了文学文本本身。一个福柯式的分析可能会关注我们对传记和语境资料进行解释的方式。福柯可能认为,文学研究应在不涉及作者生活的文本下进行,令人感兴趣的可能是作者的功能,即作者形象在文学文本分析中发挥的作用。

3　创造性和原创性

传统的文学批评认为,文学是写作领域至高无上的创造。后结构主义理论家,特别是福柯,促使我们看到文学与其他话语一样,在任何特定时刻都有句式、体裁和形式的规律。对他来说,有趣的不是创造性的概念,而是文学文本中重复的那些要素,它们的产生似乎与其他文本有关,似乎也出现在许多其他文本中。他不认为创新不可能,而是考虑到创新的可能性——事实上作家们可以说任何他们想说的东西——事实上他们在如此紧缩的限制中,想说的很少。福柯式的分析可能对文学话语的结构特点感兴趣,这些文学在文本的叙事声音、风格、流派等层面往往产生相似的特征。

4　解释和评论

在《疯癫与文明》的修订版序言中,福柯在该书出版时说到:

　　从那一刻起,它陷入到无尽的重复中;它的复制品蜂拥而上。围绕它,远离它;每本读物瞬间赋予它难以捉摸和独一无二的身体;碎片自身在循环并替代它,几乎完全控制它,有时作为它的一个避难所;它的注释翻了一倍,所有其他话语最终

将显现为,说出它拒绝说出的东西,将它从拼命假装的角色中
释放。

(Foucault,引自 Eribon 1991:124)

他收录了这篇序言,因为他关于疯癫的作品受到大众读者的意外
反响;他没想到这本书会成为反精神病学运动的战斗口号,也没想
到它会在学术圈外被广泛阅读,但这一说法似乎总结出一个概念,即
文本的解释不受作者意图的约束。一旦完成,书不再在作者的控制
范围内,读者可以随心所欲利用它。因此,福柯的作品可以看作是对
这类分析的批评,该批评关注文本自身,意在重建作者的意图。

我在第 2 章讨论过,另一个福柯式的关注与文学文本有关,即
他对注释作用的关注,也就是文本的批评性评价或阐释。福柯表
示,某些文本,比如莎士比亚的作品,受到批评家孜孜不倦的评论,
而这些评论确保莎士比亚一直流行,且在这个过程中,赋予评注本
身地位。这些文本通过出版社继续印行出版,因此为进一步评论
提供可能。近年来,由于对英国黑人作家和女性作家涌现出大量
评论,出版商为此出版了他们的作品。经典文学有连篇累牍的评
注,而作为文学学者,他们往往受到鼓励去研究这些经典文本,学
者在分析它们的过程中也为自己赢得声誉。因此,一个福柯式的
文学分析很可能关注的是,文学批评在出版商持续出版与经典形
成过程中的作用,而不是分析文学文本本身。

5 历史分析

发展于 1980 年代的众多思想之一的新历史主义直接受到福
柯思想的影响,可以看作是一次把福柯思想放到文学中的尝试。
121 他把历史方法与分析整合进哲学著作,这一点相当重要,它促使文
学学者试图将历史著作纳入自己的领域。文学作品历来都包含大

量直截了当的历史信息——在历史语境下设置文本——但这类作品一般都是描述性的,历史信息只是为文学文本的某个主题要素提供解释。福柯的作品表明,历史分析或许令人兴奋,它关注的是诸如权力关系和性的主题要素,而不是为文学作品的理解提供简单的语境信息。特别是福柯关于权力的作品,它在新历史主义的解释中起到重要作用,正如评论家菲利普·赖斯(Philip Rice)和帕特丽夏·沃芙(Patricia Waugh)所说:

> 他的作品一贯展示了所谓的客观历史解释往往是权力意志的产品,该权力如何通过特定机构的知识模式得以确立。他的"历史"抵制那些提供首要叙述的"总体理论"的诱惑,而是关注那些被解释排除和建构的"他者"。
>
> (Rice and Waugh 2001: 253-254)

新历史主义者,如斯蒂芬·格林布拉特认为,正如福柯在他的哲学分析中做的那样,他们在历史作品中进行同样操作是可能的——并举了不同体裁和起源的文本,用它们来阐释文学文本,并考察了"文化对象在历史突发中的嵌入性"(Greenblat 2001: 308)。南希·阿姆斯特朗(Nancy Armstron)和劳伦斯·特能豪斯(Lawrence Tennenhouse)编辑了一本关于文学行为的论文集,动机是实现"文学行为和写作行为都共享相同的历史。文学和品行手册,特别是为妇女写作的那些,对欲望史而言是必不可少和非常重要的工具"(Armstron and Tennenhouse 1987: 1)。对他们而言,在话语语境下分析文本,将它们与其他文本关联,这种分析提供了更充分的历史解释。他们的作品不同于福柯的地方可能在于,他们强调

代理机构和自我,例如格林布拉特认为,新历史主义感兴趣的不是
抽象的共性,而是在"特定偶然的情况下,自我根据生成规则和特
定文化冲突塑造并表现"(Greenblatt 2001:308)。然而,福柯式的
关注涉及对代理机构的限制,这对新历史主义关注代理机构形成
了冲击:格林布拉特指出:"这些似乎是孤立的行为被多重披露;个
体天才看起来孤立的权力原来与集体、社会能量相关;异议的特点
可能是热衷于一个较大的立法过程,而稳定事物秩序的企图却想
颠覆它"(Greenblatt 2001:308)。因此,新历史主义批评家分析了
文学文本作为某些话语过程的表现形式,在文化语境下的运作。

福柯作品的问题

纵观这本书,与其假设福柯拥有一个大师身份,他的教诲必须
不假思索地接受,不如试图关注许多理论家已经发现的福柯作品
的问题。在某些方面,福柯作为一个理论家是很有魅力的,因为他
似乎对你提出的每个问题都设下埋伏并先发制人。不过,我已经
在前面的章节注意到这些问题,它们是概念中固有的问题,还没有
发展成一个完全起作用的方法论。如果福柯的理论只是一系列构
思,如果它们被证明有用就可以利用,而不是一脉相承的分析性框
架,那么相对于任何无知又盲从但可能证明是有用的思想,哪一个
更受青睐?他的作品流行的本质意味着,有人以不加批判的方式
使用福柯的作品,福柯经常使用的也是他的追随者乐于复制的是
全面概括的风格,为此已经激怒了很多人。法国电影导演让-
吕克·戈达尔(Jean-Luc Godard)说,他想拍一部电影来质疑像"神
父福柯"一样的人,这类人声称"'在某某时期,他们认为……'这对
我来说没问题,但我们怎么能如此肯定? 这正是我们尝试拍电影

的原因；就是为了防止未来福柯们振振有词的说事情是这样的"
（Godard，引自 Eribon 1991：156）。

我还注意到历史学家在福柯作品中发现的问题，因为他胡乱
使用史料。福柯对他的材料所采取的中性立场让许多历史学家感
到难以接受。那些政治狂热人士看到了他作品的重大缺陷。例
如，法国哲学家让-保罗·萨特，他与福柯在多个场合发生冲突，他
对福柯的考古学分析做出如下评论：

> 考古学家是研究消失的文明踪迹的人……福柯向我们呈
> 现的是……地质学，一系列连续表层组成我们的"地面"。各
> 层都明确了某类思想在某个时期能够流行的条件。但福柯并
> 没有把最有趣的事情告诉我们，即每一个思想是如何在这些
> 条件的基础上构建的，或人类是如何把他的思想从一代传承
> 到另一代。要做到这一点，他就不得不提实践，因此历史正是
> 他拒绝此做的。
>
> （Sartre，引自 Eribon 1991：163）

对福柯非历史主义和缺乏政治分析的批评在左派中非常典型。

他的男性中心主义，也就是说他只把男性经验作为分析的中
心，为此女性主义理论家提出问题，但他们当中很多人还在试图修
改福柯的作品为己所用，因为许多女性主义者发现他对权力关系
的分析具有生产性。正如我先前在这本书所提到的，把女性纳入
到福柯式的分析中完全不够；在某种意义上，需要分析这种男性中
心主义，也需要发展修改框架，该框架不再专注于男性分析，或把
男性分析置于女性分析之外，也不再认为，分析男性的行为和关注
点，就是对整个人类文化进行分析。我们可能会发现，福柯的性别

歧视是由他工作的文化环境所决定的,但是在 21 世纪使用福柯的作品,意味着我们必须讨论他作品的具体性别。

福柯权力的概念也给一些批评家带来了困难。重要的是,他关注的是反抗的可能性而不仅仅是描述压迫,他在权力自身中实行反抗,因此否定那些反对压迫体制的机构。对于一些人来说,对权力的关注导致重复,仿佛一切文化现象都简化为权力关系。例如评论家罗伯特·卡斯特(Robert Castel),他批判了《疯癫与文明》,因为他认为:"理论歧路的广度与立场分析的精妙堵塞了一些简化的方法,追随者手中的论点变得重复:无所不在而且常常如此,除了压迫、暴力、专制、监禁、警力、控制、隔离和驱逐外一无所有"(Castel,引自 Eribon 1991:126)。因此,对一些批评家来说,尽管福柯明确表示要摆脱压抑性假说,但实际上他的作品似乎只描述压抑,并不是很关注权力的生产机制。

福柯的作品解构了疯癫的概念,为此他还受到精神病专业人员的批判。在反精神病运动方面,他的作品已被证实极其有用,因为它认为疯癫是由社会建构的。然而,对于那些患有精神疾病的人而言,了解疯癫的医学化历史可能会有用,但这些知识并不能为他们提供其他的补救措施,因为福柯也同样怀疑心理疗法,他认为这仅仅是另一种形式的忏悔。因此,他对疯癫的批判具有生产性,但抹除精神病的物质性可能会带来显著问题。

关于福柯作品的更深层次问题可以从他对话语的分析中看出,他对非话语的讨论似乎很矛盾,一方面声称一切都是被话语建构的,但同时又声称,有些元素是非话语的。另外还有一个人们使用福柯的思想时必须注意的问题,正如巴里·斯马特(Barry Smart)所说:"考古学家在实践中能否回避真理和意义的问题?有必要去区分精确(即"真实")和歪曲的描述或解释吗?"(Smart 1985:54)

此外,福柯所谓的中性立场与事实不符,他反对用因果关系描述事件,他以某种方式成功地把这些概念含蓄地塞进自己的论点中。这个简单描述的概念接受起来有些困难;来自过去的元素完全组合在一起,该事实构成某个观点或某个解释的叙述,但是对当下的一些现象却是暂时的。例如,在《疯癫与文明》中,福柯似乎想表明,在 18 世纪,经济状况是贫穷和疯癫被监禁的推动力(Foucault 1991a)。在他分析的其他点上,让读者感到迷惑不解的是,如何解释一些缺乏因果关系描述的现象。唐纳利认为,"讽刺的是,他置身于争论起源的危险中——如果要了解某个对象,人们需要探索其原始起源,以及后续发展的关键或根源——而这恰恰是荒谬的谱系学设法调整的"(Donnelly 1986:25)。

　　然而,不要把这些问题看成是福柯观点的缺陷,许多理论家把矛盾看作是理论的垫脚石,它们推动福柯的作品前进,自福柯写作以来,他的作品能更加充分地描述已经变化的世界。我们不要幻想福柯会为我们现在所面临的问题提供简单的解决方案,但我们或许可以借鉴他的方式和方法,以此构建我们自己的解决方案。

　　总之,当我们对一个事件或文本使用福柯式的分析时,有一些理论立场可以采用。并非所有这些特定立场都有用,但我们希望通过这种方法隔离它们,使福柯的思想在分析事件和文本时起作用。在使用福柯的作品时,经常会面临一个问题,即人们会关注他所使用的形象、主题或象征,或最后引用他,只为了面对深入言说一些东西的不可能性。当你阅读福柯时,使用福柯方法的重点在于:怀疑福柯的价值;不要接受他偶尔大胆但往往没道理的归纳,也不要假设他正在告诉你事物的"真理"。

米歇尔·福柯的作品

在本节中,福柯的作品按其原先出版的日期排序,以便了解他的出版史。福柯所有的作品首次都是以法语呈现,但这里使用你更容易查阅的英译本来说明出版细节。鉴于此,将会出现两个日期:第一,在方括号内的是原来的出版日期,而第二个日期和其他细节请参阅英译本。(如无英译本,方括号里只出现一个日期,所有的细节请参阅法文本。)

在阅读理论家的作品前,先读一下关于这个理论家的一到两个短评,这会是明智的做法:德雷福斯和拉比诺在关于福柯的书中,对福柯的每一个主要作品都专门用了一章,并为读者从整体上了解福柯作品提供了一个框架(Dreyfus and Rabinow 1982)。福柯的访谈显然比他那些深思熟虑的理论作品更容易消化。因此,在读这些主要著作之前不妨先读读这些(参看论文和访谈文集,如Bouchard 1977;Morris and Patton 1979;Kritzman 1988)。在阅读福柯那些比较复杂的作品之前,先读读他的一些可读性文本也是比较明智的:《性史(第一卷)》(1978/1976)是一个特别简单的文本,可以第一个尝试。福柯论文集,如保罗·拉比诺的《福柯读本》(*The Foucault Reader*),科林·戈登(Colin Gordon)的《权力/知识》(*Power/Knowledge*, 1980)也非常有用,你可以在决定读哪本书之前,先选择福柯作品中最吸引你的元素。不过,在某些阶段,你需要阅读主要文本,如《知识考古学》(1972/1994),《事物的秩序》(1970/1966),《疯癫与文明》(1999/1967)和《规训与惩罚》(1991/1975)。

书

Foucault, M. [1961] (1967) *Madness and Civilisation：A History of Insanity in the Age of Reason*, (trans. R. Howard), New York：Pantheon.

　　《疯癫与文明:理性时代的疯癫史》(*Madness and Civilisation：A History of Insanity in the Age of Reason*)。这是一本相当简单易懂的书,关于西方社会如何将理性从疯癫中分离。它对疯癫在不同历史时期定义的变化有着非常清晰的分析。这本书最容易的部分是第一章,关于医院发展而来的禁闭所是如何变成麻风病收容所的,第二章关于17世纪的大禁闭,当时大量法国人因为贫困或精神错乱被禁闭。第五章,疯癫诸相,这是一个有趣的分析,讲述了疯癫在不同文本中各不相同的表现方式。

——[1962] (1986) *Raymond Roussel*, Paris：Gallimard.

　　《雷蒙·鲁塞尔》(*Raymond Roussel*)。分析了法国超现实主义诗人雷蒙·鲁塞尔的作品;由查尔斯·鲁亚斯(Charles Ruas)翻译成英文《死亡与迷宫》(*Death and the Labyrinth*, Garden City, NY：Doubleday)。这是一本关于鲁塞尔的专著。

——［1963］（1973）*The Birth of the Clinic*：*An Archaeology of Medical Perception*,（*trans. A.M. Sheridan Smith*）, *New York*：*Pantheon*.

《临床医学的诞生：医学视角考古学》（*The Birth of the Clinic*：*An Archaeology of Medical Perception*）。对福柯的思想发展感兴趣的人来说，虽然这本书至关重要，但它可能对许多读者而言有点专业。不过它包含了一个入门篇，对 18 世纪"治愈"歇斯底里症有绝妙的描述，该治疗包括连续 10 个月每天浸泡浴缸 10 小时。不同于《疯癫与文明》分析了疯癫与理性在漫漫历史长河中被概念化的过程，《临床医学的诞生》仅关注了 18 世纪后期，用相当技术的语言分析了医学话语与机构之间的关系。

——［1966］（1973）*The Order of Things*：*An Archaeology of the Human Sciences*,（trans. A. Sheridan）, London：Tavistock.

《事物的秩序：人文科学考古学》（*The Order of Things*：*An Archaeology of the Human Sciences*）。福柯一如既往地用大量的短文开始这本书：小说家约瑟-路易斯·博尔赫斯（Jose-Luis Borges）描述了一个中文百科全书，把动物归类为 a）属于皇帝；b）防腐处理；c）驯服；d）乳猪；e）警报器；f）传说中的和最后的；n）来自遥远的地方，看起来像苍蝇。这个稀奇古怪的分类方案基于这本书的驱动原理，其目的是迫使读者批判性地分析知识在不同历史时期的构成方式。虽然这是本很复杂的书，但福柯在书中讨论了不同科学在认知构成方式之间的相似性，不过它是一本包含了很多说明性例子的书。

——［1969］（1972）*The Archaeology of Knowledge*,（trans. A. M. Sheridan Smith）, New York：Pantheon.

《知识考古学》（*The Archaeology of Knowledge*）。这是福柯较难的文本之一。在这里，他设法解决中断的使用所引发的理论问题，也就是说，历史突然断层，在那里制度、思想和组织知识的方法都发生改变。正是在这里,福柯提出话语构型的概念,并描述了话语出现和调整的方式。他描述了档案和陈述的构成,并介绍了考古学的研究方法。

—— [1973] (1978) *I, Pierre Rivière, Having Killed My Mother, My Sister and My Brother*, Paris:Gallimard.

《我,皮埃尔·里维埃,杀害了我的母亲、妹妹和弟弟》(*I, Pierre Rivière, Having Killed My Mother, My Sister and My Brother*)。这本书由皮埃尔·里维尔的回忆录组成,他是 19 世纪一位法国的农民,因杀害他的三名家人被定罪,回忆录还包括福柯的一篇短文以及他成立的研究小组成员的六篇论文,该小组主要审查医生、精神病学家、报纸报道、信函和法院诉讼的供述和当代材料。这本书很好地介绍了福柯式分析方法作用于文本的方式。

—— [1975] (1977) *Discipline and Punish:The Birth of the Prison*, New York:Pantheon.

《规训与惩罚:监狱的诞生》(*Discipline and Punish:The Birth of the Prison*)。福柯在这里分析了惩罚罪犯的方式的变化,从公共酷刑、仪式般的开膛破肚和烙印到现在将罪犯锁进监狱或精神病院的规训制度。福柯并不认为对待罪犯的方式有了进步,而是建议通过本书,我们能批判性地分析罪犯的禁闭。前两章描写了 18 世纪的酷刑,读起来很恐怖,但它们有效地督促我们反思当下的规训制度。关于规训的第三部分非常具有可读性,而关于审查的部分则颇具洞察力。

—— [1976] (1978) *The History of Sexuality, Vol. I:An Introduction*, (trans. Robert Hurley), New York:Pantheon.

《性史(第一卷):导论》(*The History of Sexuality, Vol. I:An Introduction*)。这是福柯迄今为止最简单易懂的一本书。他用相当通

俗的方式书写和讨论了性,以及我们思考性和性压抑的方式,并给
出了各种不同的例子,如儿童手淫、同性恋和妇女的歇斯底里症。
这本书比其他任何一本,更能体现他对权力关系以及权力在社会
中运行方式的思考。由于这是一本相当薄的书,相对比较容易阅
读,可以用它开启你对福柯的研究。

—— [1984] (1985) *The History of Sexuality, Vol. II: The Use of Pleasure*, (trans. Robert Hurley), New York: Pantheon.

　　《性史(第二卷):快感的享用》(*The History of Sexuality*, *Vol. II: The Use of Pleasure*)。无论是在这卷还是第三卷,福柯似乎试图勾勒新的伦理框架。在本卷中,福柯写的不是性欲史,他关注的是他所谓的"自我的解释学",即在古希腊文化中,分析愉悦与性快感引发的道德关怀之间的关系。古希腊与古希腊—罗马的性实践和道德准则对一些读者来说似乎相当陌生,但福柯普遍关注的"生存美学"与当代文化分析密切相关。

—— [1984] (1986) *The History of Sexuality, Vol. III: The Care of the Self*, New York: Pantheon.

　　《性史(第三卷):关注自我》(*The History of Sexuality*, *Vol. III: The Care of the Self*)。虽然此卷题为"关注自我",但它大多关注的是自己和他者之间的互动。事实上,更多的可以把它看作是关于他者关注自身的分析。与福柯其他的作品相比,评论家几乎很少使用福柯后期的作品,不过有一些评论家关注了《性史》最后几卷,例如,莫斯(Moss 1998)。

论文和访谈

　　福柯的论文和访谈是如此之多,在这里不可能把它们一一列出并注释出来。完整的参考书目可访问 www.theory.org.uk,该网

站也包含了一些有用的评论和网站的链接。关于福柯的网站还包括大量的参考书目：www.thefoucauldian.co.uk。你可以在 www.na-kayama.org/polylogos/philosophers/foucault/index-e.html 发现最好的参考书目。

　　某些论文和访谈是必读的,这些都已收录到几部重要的英语文集里。你可以参考以下书目：

Foucault, M. （1977） *Michel Foucault：Language, Counter-memory, Practice：Selected Essays and Interviews*, （ed. D. Bouchard, trans. D. Bouchard and S. Smith）, Oxford：Blackwell.

—— （1980） *Power/Knowledge：Selected Interviews and Other Writings 1972-1977*, （ed. C. Gordon）, Brighton：Harvester.

　　《米歇尔·福柯:语言,反记忆,实践:文选及访谈》（*Michel Fou-cault：Language, Counter-memory, Practice：Selected Essays and Interviews*）,《权力/知识:访谈及其他作品（1972—1977）》（*Power/Knowledge：Selected Interviews and Other Writings 1972—1977*）。包含福柯 1972—1977 年的论文、演讲和访谈;也许其中最有趣的是他的访谈"论大众正义"（On popular justice）,他在此规划了自己的权力思想,而在访谈"权力的眼睛"（The eye of power）中,他从细节上描述了全景敞视监狱。这对福柯是一个很好的介绍,因为这些论文和访谈用更详尽、专业、难懂的语言阐述了福柯主要作品的很多思想。

—— （1984） *The Foucault Reader*, （ed. P. Rabinow）, Harmondsworth：Penguin.

　　《福柯读本》（*The Foucault Reader*）。这是福柯比较重要的一本论文合集,包括"什么是作者?"（What is an author?）;"尼采,谱系学,历史"（Nietzsche, genealogy, history）;以及诸如《事物的秩序》和《权力/知识》当中的文本选集。

　　所有本书中引用的论文和访谈都将在"参考文献"中列出。

关于福柯的作品

Couzens Hoy, D.（ed.）（1986）*Foucault：A Critical Reader*, Oxford：Blackwell.

《福柯:批判性读本》(*Foucault：A Critical Reader*)。这本论文集思考了福柯作品中一系列棘手问题,例如他对历史材料的问题式使用,他的政治立场,他与哲学传统的关系等。虽然论文本身对理解力的要求相当苛刻,但他们对福柯的作品采取了批判的立场,具有生产性。

Diamond, I. and Quinby, L.（eds）（1988）*Feminism and Foucault：Reflections on Resistance*, Boston：North Eastern University Press.

《女性主义与福柯:反思反抗》(*Feminism and Foucault：Reflections on Resistance*)。一本优秀的论文集,分析了福柯思想中关于权力与身体,特别是对女性主义理论的多产性。就整体而言,这些论文非常易读且非常易应用于其他文本中。关于厌食症方面是很有用的论文集。

Dreyfus,H.and Rabinow,P.（1982）*Michel Foucault：Beyond Structuralism and Hermeneutics*, Brighton：Harvester.

《米歇尔·福柯:超越结构主义与解释学》(*Michel Foucault：Beyond Structuralism and Hermeneutics*)。对福柯思想有非常全面且具有可读性的介绍。在你读任何福柯的著作之前,这本书值得读一读,因为它为你提供一个研究福柯思想"发展"的框架。它以生产性的方式追溯了福柯作为知识分子生涯的不同阶段,而不是把福柯的作品过于简单化。

Kendall, G. and Wickham, G.（1999）*Using Foucault's Methods*, London：Sage.

《使用福柯的方法》(*Using Foucault's Methods*)。尽管其中穿插了一系列可能来自他们学生的相当令人厌烦的评论,但这是一本关于如何使用福柯思想的非常有用(但很规范)的书。里面有一系列练习,其中有些很有用,能让你思考福柯的思想如何应用,其他的则没什么用。

Kritzman, L. (ed.) (1988) *Michel Foucault：Politics, Philosophy, Culture：Interviews and Other Writings, 1977-1984*, London：Routledge.

《米歇尔·福柯:政治,哲学,文化:访谈及其他作品(1977—1984)》(*Michel Foucault：Politics，Philosophy，Culture：Interviews and Other Writings，1977-1984*)。包含了一些福柯的访谈,最著名的有"极简主义的自我"(The minimalist self)和"批判理论/智识理论"(Critical theory/intellectual theory),"权力和性"(Power and sex),"伊朗:一个无精神之世界的精神",还有一篇劳伦斯·克里兹曼写的很有用的引言。还有一篇福柯的论文"危险的个体"(The dangerous individual),他在文中考察了罪犯的忏悔和知识在审判中的作用,以及犯罪分子的病理逻辑。由于这本书收集了很多不易得到的福柯访谈,这些访谈通常比他的主要作品更容易理解,对他这些作品中发展的思想所做的评论也很有价值,所以这本书对福柯思想做了很好的介绍。

Macdonnell, D. (1986) *Theories of Discourse*, Blackwell：Oxford.

《话语的诸理论》(*Theories of Discourse*)。福柯的话语思想不同于其他的理论家,例如佩奇尤克斯(Pecheux),沃洛西诺夫/巴赫金(Volosinov/Bakhtin),阿尔都塞(Althusser),海因兹(Hindess) 和赫斯特(Hirst)。这本书对福柯的一些思想做了非常明确的解释,关于其他理论家反对福柯阐释自我,或阐释他们自身与福柯的关系方面,这本书提供了有用的详细描述。

Macey, D.（1994）*The Lives of Michel Foucault*, London：Verso.

《米歇尔·福柯的生活》（*The Lives of Michel Foucault*）。这是一本关于福柯和他思想的非常全面、文字优美且深入研究的书。这本书非常易读,介绍了福柯在不同形象下的传记和思想。

Mills, S.（1997）*Discourse*, Routledge：London.

《话语》（*Discourse*）。全面评述了福柯相对于其他话语理论家的作品,他对术语话语所做的阐释。

Morris, M.and Patton, P.（1979）*Michel Foucault：Power/Truth/Strategy*, Sydney：Feral Publications.

《米歇尔·福柯:权力/真理/策略》（*Michel Foucault：Power/Truth/Strategy*）。福柯的访谈和莫里斯、巴顿等人对他的批评性论文的合集。尽管这是一部相当早期的理论文集,但批评分析的水平很高,巴顿和莫里斯写的论文非常优秀。

Smart, B.（1985）*Michel Foucault*, London：Tavistock.

《米歇尔·福柯》（*Michel Foucault*）。一本易读的介绍性文本,讨论了主要文本,其中包含了相当多的带注释的福柯作品的摘要。

网络资源

很多互联网网站都对福柯的作品感兴趣,可以通过键入米歇尔·福柯(Michel Foucault)到任何搜索引擎访问,如"谷歌";许多网站只是对福柯基本思想的改编;以下网站包含福柯和参考书目材料:

www.theory.org.uk /foucault

它包括对福柯思想的全面介绍,参考书目和完善的链接精选,可链接到其他关于福柯的网站。这可能是关于福柯的最好网站。

www.thefoucauldian.co.uk

关于福柯的最新的参考书籍,为那些初次接触福柯作品的人提供常见问题解答页面。

www.nakayama.org/polylogos/philosophers/foucault/index-e.html

包括迈克尔·卡斯肯(Michael Karskens)编译的福柯著作和访谈的完整参考书目,还有一些学者撰写的关于福柯的在线论文。

www.excite.co.uk/directory/society/philosophers/foucault-info

包括福柯作品与生平的精编网站;以及其他有趣网站的链接;可从福柯的文本中下载一些文摘。

参考文献

注：米歇尔·福柯作品的详细引用版本。更多关于这些作品的信息，包括原版出版日期，请参看"进阶阅读书目"。

Alldred, A., Crowley, H. and Rupal, R. (2000) 'Introduction', *Feminist Review* 68 pp. 1-5.

Althusser, L. (1984) *Essays on Ideology*, London：Verso.

Armstrong, N. and Tennenhouse, L. (eds) (1987) *The Ideology of Conduct：Essays in Literature and the History of Sexuality*, London：Methuen.

Barrett, R. (1997) 'The homo-genius speech community', in A. Livia and K. Hall (eds), *Queerly Phrased：Language Gender and Sexuality*, Oxford and New York：Oxford University Press, pp. 181-201.

Barthes, R. (f. pub.1968, 1991) 'The death of the author', in P. Rice and P. Waugh (eds), *Modern Literary Theory：A Reader*, London：Edward Arnold, pp. 109-122.

Bartky, S. (1988) 'Foucault, femininity and the modernisation of patriarchal power', in I. Diamond and L. Quinby (eds), *Feminism and Foucault：Reflections of Resistance*, Boston：North Eastern University Press, pp. 60-85.

Beevor, A. (1999) *Stalingrad*, Harmondsworth: Penguin.

Bell, D., Binnie, J., Cream, J. and Valentine, G. (1994) 'All hyped up and no place to go', *Gender, Place and Culture* 1/1 pp. 31-47.

Bhabha, H. (ed.) (1994) *The Location of Culture*, London: Routledge.

Bondi, L. and Burman, E. (2001) 'Women and mental health', *Feminist Review* 68 pp. 6-33.

Bordo, S. (1989) 'Anorexia nervosa: psychopathology as the crystallisation of culture', in I. Diamond and L. Quinby (eds), *Feminism and Foucault: Reflections of Resistance*, Boston, North Eastern University Press, pp. 98-114.

Bouchard, D. (ed.) (1977) *Michel Foucault: Language, Counter-memory, Practice: Selected Essays and Interviews*, (trans. D. Bouchard and S. Smith), Oxford: Blackwell.

Bourdieu, P., Johnson, J., Ferguson, P. P. (trans.), Emanuel, S. (trans.) and Accardo, S. (eds) (1999) *The Weight of the World: Social Suffering in Contemporary Society*, London: Polity.

Brown, H., Gilkes, M. and Kaloski-Naylor, A. (eds) (1999) *White? Women: Critical Perspectives on Race and Gender*, York: Raw Nerve Books.

Burchell, G., Gordon, C. and Miller, P. (eds) (1991) *The Foucault Effect: Studies in Governmentality*, Chicago: University of Chicago Press.

Burton, D. (1982) 'Through glass darkly, through dark glasses', in R. Carter (ed.), *Language and Literature*, London: Allen and Unwin, pp. 195-214.

Butler, J. (1990) *Gender Trouble: Feminism and the Subversion of Identity*, London: Routledge.

—— (1993) *Bodies that Matter: On the Discursive Limits of Sex*, London: Routledge.

Clayton, D. (2000) *Islands of Truth: The Imperial Fashioning of Vancouver Island*, Vancouver: UBC Press.

Crawford, M. (1995) *Talking Difference: On Gender and Language*, London: Sage.

Culler, J. (1975) *Structuralist Poetics: Structuralism, Linguistics and the Study of Literature*, London: Routledge and Kegan Paul.

Darwin, C. (1859/1968) *On the Origin of Species*, ed. J. W. Burrow, Harmondsworth: Penguin.

Davis, L. (1983) *Factual Fictions: The Origins of the English Novel*, New York: Columbia University Press.

Donnelly, M. (1986) 'Foucault's genealogy of the human sciences', in M. Gane (ed.), *Towards a Critique of Foucault*, London: Routledge Kegan and Paul, pp. 15-32.

Dreyfus, H. and Rabinow, P. (eds) (1986) *Michel Foucault: Beyond Structuralism and Hermeneutics*, Hemel Hempstead: Harvester Wheatsheaf.

Dumm, T. (1996) *Michel Foucault and the Politics of Freedom*, London: Sage.

Eagleton, T. (1983) *Literary Theory: An Introduction*, Oxford: Blackwell.

Eribon, D. (1991) *Michel Foucault*, (trans. Betsy Wing), Cambridge, MA: Harvard University Press.

Foster, S. and Mills, S. (2002) *Women's Travel Writing: An Anthology*, Manchester, Manchester University Press.

Foucault, M. (1962) *Raymond Roussel*, Paris: Gallimard.

—— (1970) *The Order of Things: An Archaeology of the Human Sciences*, London: Tavistock.

—— (1972) *The Archaeology of Knowledge*, (trans. A. M. Sheridan Smith), London: Routledge.

—— (1973) *Moi, Pierre Rivière, ayant égorgé ma mére, ma soeur et mon frère*, Paris: Gallimard.

—— (1975) *The Birth of the Clinic*, New York: Vintage.

—— (1977a) 'The political function of the intellectual', *Radical Philosophy* 17 pp. 12-14.

—— (1978) *The History of Sexuality, Vol. I: An Introduction*, (trans. Robert Hurley), Harmondsworth: Penguin.

—— (1979a) 'Truth and power', interview with Fontano and Pasquino, in M. Morris and P. Patton (eds), *Michel Foucault: Power/Truth/Strategy*, Sydney: Feral Publications, pp. 29-48.

—— (1979b) 'Powers and strategies', interview with Revoltes Logiques collective, in M. Morris and P. Patton (eds), *Michel Foucault: Power/Truth/Strategy*, Sydney: Feral Publications, pp. 48-58.

—— (1979c) 'Interview with Lucette Finas', in M. Morris and P. Patton (eds), *Michel Foucault: Power/Truth/Strategy*, Sydney: Feral Publications, pp. 67-75.

—— (1979d) 'The Life of infamous men', in M. Morris and P. Patton (eds), *Michel Foucault: Power/Truth/Strategy*, Sydney: Feral Publications, pp. 76-91.

—— (1980a) 'Two lectures', in C. Gordon (ed.), *Power/Knowledge*, Brighton: Harvester, pp. 80-105.

—— (1980b) 'Truth and power', in C. Gordon (ed.), *Power/Knowledge*, Brighton: Harvester, pp. 107-133.

—— (1980c) 'On popular justice', interview with Pierre Victor, in C. Gordon (ed.), *Power/Knowledge*, Brighton: Harvester, pp. 1-36.

—— (1980d) 'Prison talk', in C. Gordon (ed.), *Power/Knowledge*, Brighton: Harvester, pp. 37-52.

—— (1980e) 'The history of sexuality', in C. Gordon (ed.), *Power/Knowledge*, Brighton: Harvester, pp. 184-191.

—— (1980f) ' The eye of power ', in C. Gordon (ed.), *Power/Knowledge*, Brighton : Harvester, pp. 147-165.

—— (1981) ' The order of discourse ', in R. Young (ed.), *Untying the Text : A Post-structuralist Reader*, London : Routledge, Kegan and Paul, pp. 48-79.

—— (1982) ' The subject and power ', in H. Dreyfus and P. Rabinow (eds), *Michel Foucault : Beyond Structuralism and Hermeneutics*, Brighton : Harvester, pp. 208-226.

—— (1985) *The History of Sexuality, Vol. II : The Use of Pleasure*, (trans. Robert Hurley), Harmondsworth : Penguin.

—— (1986) *The History of Sexuality, Vol III : The Care of the Self*, London : Allen Lane/Penguin.

—— (1986a) ' What is an author ', in P. Rabinow (ed.), *The Foucault Reader*, Harmondsworth : Peregrine, pp. 101-123.

—— (1986b) ' Nietzsche, genealogy, history ', in P. Rabinow (ed.), *The Foucault Reader*, Harmondsworth : Peregrine, pp. 76-100.

—— (1986c) ' We " other Victorians " ', in P. Rabinow (ed.), *The Foucault Reader*, Harmondsworth : Peregrine, pp. 292-300.

—— (1986d) ' The repressive hypothesis ', in P. Rabinow (ed.), *The Foucault Reader*, Harmondsworth : Peregrine, pp. 301-329.

—— (1988a) ' The Masked Philosopher ', in L. Kritzman (ed.), *Michel Foucault : Politics, Philosophy, Culture : Interviews and Other Writings, 1977-1984*, London : Routledge, pp. 323-330.

—— (1988b) ' The minimalist self ', interview with Stephen Riggins, in L. Kritzman (ed.), *Michel Foucault : Politics, Philosophy, Culture : Interviews and Other Writings, 1977-1984*, London : Routledge, pp. 1-19.

—— (1988c) ' Critical theory/intellectual theory ', interview with Gerard Raulet, in L. Kritzman (ed.), *Michel Foucault : Politics, Philosophy, Culture : Interviews and Other Writings, 1977-1984*, London :

Routledge, pp. 20-47.

—— (1988d) 'Power and sex: discussion with Bernard-Henri Levy', in L. Kritzman (ed.), *Michel Foucault: Politics, Philosophy, Culture: Interviews and Other Writings, 1977-1984*, London: Routledge, pp. 110-124.

—— (1988e) 'The dangerous individual', in L. Kritzman (ed.), *Michel Foucault: Politics, Philosophy, Culture: Interviews and Other Writings, 1977-1984*, London: Routledge, pp. 125-151.

—— (1988f) 'Iran: the spirit of a world without spirit', in L. Kritzman (ed.), *Michel Foucault: Politics, Philosophy, Culture: Interviews and Other Writings*, 1977-1984, London: Routledge, pp. 211-224.

—— (1991a) *Discipline and Punish: The Birth of the Prison*, Harmondsworth: Penguin.

—— (1991b) 'Questions of method', in Burchell, G., Gordon, C. and Miller, P. (eds), *The Foucault Effect: Studies in Governmentality*, Chicago: University of Chicago Press.

—— (1991c) 'Governmentality', in Burchell, G., Gordon, C. and Miller, P. (eds), *The Foucault Effect: Studies in Governmentality*, Chicago: University of Chicago Press, pp. 85-103.

—— (1999) *Madness and Civilisation: A History of Insanity in the Age of Reason*, London: Routledge.

Gane, M. (1986) 'Introduction', in M. Gane (ed.), *Towards a Critique of Foucault*, London: Routledge, Kegan and Paul, pp. 1-15.

Gavey, N. (1993) 'Technologies and effects of heterosexual coercion', in S. Wilkinson and C. Kitzinger (eds), *Heterosexuality: A Feminism and Psychology Reader*, London: Sage, pp. 93-119.

Gilman, C. (1899/1973) *The Yellow Wallpaper*, London: Virago.

Gordon, C. (1991) 'Governmental rationality: an introduction', in G. Burchell, C. Gordon and P. Miller (eds), *The Foucault Effect: Studies in Governmentality*, Chicago: Chicago University Press, pp.

1-51.

Grant, L. (1994) 'Sex and the single student: the story of date rape', in S. Dunant (ed.), *The War of the Words: The Political Correctness Debate*, London: Virago, pp. 76-96.

Greenblatt, S. (2001/1990) 'Resonance and wonder', in P. Rice and P. Waugh (eds), *Modern Literary Theory*, 4th edn, London: Arnold, pp. 305-324.

Guha, R. (1994) *Elementary Aspects of Peasant Insurgency in Colonial India*, Oxford: Oxford University Press.

Guha, R. and Spivak, G. (1988) *Selected Subaltern Studies*, Oxford and New York: Oxford University Press.

Harman, C. (1998) *The Fire Last Time: 1968 and After*, London: Bookmarks.

Jefferson, A. (1991) 'Structuralism and post-structuralism', in A. Jefferson and D. Robey (eds), *Modern Literary Theory: A Comparative Introduction*, London: Batsford, pp. 92-122.

Kendall, G. and Wickham, G. (1999) *Using Foucault's Methods*, London: Sage.

Kesey, K. (1973) *One Flew Over the Cuckoo's Nest*, London: Pan.

Laclau, E. and Mouffe, C. (1985) *Hegemony and Socialist Strategy*, London: Verso.

Leap, W. (1997) 'Performative affect in three Gay English texts', in A. Livia and K. Hall (eds), *Queerly Phrased: Language, Gender and Sexuality*, Oxford and New York: Oxford University Press, pp. 310-325.

Macey, D. (1994) *The Lives of Michel Foucault*, London: Vintage.

McClintock, A. (1995) *Imperial Leather: Race, Gender and Sexuality in the Imperial Contest*, London: Routledge.

McGann, J. (2001/1985) 'The text, the poem and the problem of historical method', in P. Rice and P. Waugh (eds), *Modern Literary Theory: A Reader*, 4th edn, London: Arnold, pp. 289-305.

McInnes, S. (2001) 'The political is personal: or why have a revolution (from within or without) when you can have soma?', in *Feminist Review*, 68 pp. 160-180.

McNay, L. (1992) *Foucault and Feminism*, London: Polity, pp. 160-180.

Mills, S. (1991) *Discourses of Difference: An Analysis of Women's Travel Writing and Colonialism*, London: Routledge.

—— (1997) *Discourse*, London, Routledge.

—— (forthcoming) *Rethinking Gender and Politeness*, Cambridge: Cambridge University Press.

Minh-ha, T. (1989) *Woman, Native, Other: Writing Postcoloniality and Feminism*, Bloomington: Indiana University Press.

Minson, J. (1986) 'Strategies for socialists? Foucault's conception of power', in M. Gane (ed.), *Towards a Critique of Foucault*, London: Routledge, Kegan and Paul, pp. 106-148.

Morgan, P. (2002) 'Tales from the tabloids', *Socialist Review*, January, pp. 8-10.

Morris, M. (1979) 'The pirate's fiancée', in M. Morris and P. Patton (eds), *Michel Foucault: Power/Truth/Strategy*, Sydney: Feral Publications, pp. 148-168.

Morris, M. and Patton, P. (eds) *Michel Foucault: Power/Truth/Strategy*, Sydney: Feral Publications.

Moss, J. (ed.) (1998) *The Later Foucault*, London: Sage.

Murphy, L. (1997) 'The elusive bisexual: social categorisation and lexico-semantic change', in A. Livia and K. Hall (eds), *Queerly Phrased: Language Gender and Sexuality*, Oxford and New York: Oxford University Press, pp. 35-57.

Patton, P. (1979) ' Of power and prisons ', in M. Morris and P. Patton (eds), *Michel Foucault: Power/Truth/Strategy*, Sydney: Feral Publications, pp. 109-146.

Poster, M. (1984) *Foucault, Marxism and History*, London: Polity.

Pratt, M. (1992) *Imperial Eyes: Travel Writing and Transculturation*, London: Routledge.

Queen R. (1997) ' I don't speak Spritch: locating lesbian language ', in A. Livia and K. Hall (eds), *Queerly Phrased: Language, Gender and Sexuality*, London: Routledge, pp. 233-242.

Rabinow, P. (ed.) (1986) *The Foucault Reader*, Harmondsworth: Peregrine.

Rice, P. and Waugh, P. (eds) (2001) *Modern Literary Theory*, 4th edn, London: Arnold.

Rivkin, J. and Ryan, M. (eds) (1999) *Literary Theory: An Anthology*, Oxford: Blackwell.

Said, E. (1978) *Orientalism*, London: Routledge and Kegan Paul.

—— (1993) *Culture and Imperialism*, London: Chatto and Windus.

Salih, S. (2002) *Judith Butler*, London: Routledge.

Sawicki, J. (1998) ' Feminism, Foucault, and "subjects" of power and freedom ', in J. Moss (ed.), *The Later Foucault*, London: Sage, pp. 92-107.

Scott, J. (1990) *Domination and the Arts of Resistance: Hidden Transcripts*, New Haven and London: Yale University Press.

Sheridan, A. (1980) *Michel Foucault: The Will to Truth*, London: Tavistock.

Showalter, E. (1987) *The Female Malady: Women Madness and English Culture*, London: Virago.

Skeggs, B. (1997) *Formations of Class and Gender: Becoming Respectable*, London: Sage.

Smart, B. (1985) *Michel Foucault*, London: Tavistock.

Smith, D. (1990) 'K is mentally ill', in *Texts, Facts and Femininity: Exploring the Relations of Ruling*, London: Routledge.

Taylor, C. (1986) 'Foucault on freedom and truth', in D. Couzens Hoy (ed.), *Foucault: A Critical Reader*, Oxford: Blackwell, pp. 69-103.

Thornborrow, J. (2002) *Power Talk: Language and Interaction in Institutional Discourse*, Harlow: Pearson.

Walzer, M. (1986) 'The politics of Michel Foucault', in D. Couzens Hoy (ed.), *Foucault: A Critical Reader*, Oxford: Blackwell, pp. 51-69.

Wex, M. (1979) *Let's Take Back Our Space: Female and Male Body Language as a Result of Patriarchal Structures*, Berlin: Frauenliteraturverlag Hermine Fees.

White, H. (1987) 'The value of narrativity in the representation of reality', in P. Rice and P. Waugh (eds), *Modern Literary Theory: A Reader*, 4th edn, London: Arnold, pp. 265-272.

Wickham, G. (1986) 'Power and power analysis: beyond Foucault?', in M. Gane (ed.) *Towards a Critique of Foucault*, London: Routledge, Kegan and Paul, pp. 149-179.

Wilkinson, S. and Kitzinger, C. (eds) (1993) *Heterosexuality: A Feminism and Psychology Reader*, London: Sage.

Williams, J., Scott, S., and Waterhouse, S. (2001) 'Mental health services for "difficult" women', *Feminist Review* 68 pp. 89-104.

Young, I. (1989) 'Throwing like a girl: a phenomenology of feminine bodily comportment, motility and spatiality,' in J. Allen and I. Young (eds), *The Thinking Muse: Feminism and Modern French Philosophy*, Bloomington: Indiana University Press, pp. 51-70.

Young, R. (ed.) (1981) *Untying the Text: A Post-structuralist Reader*, London: Routledge, Kegan and Paul.

索 引

米歇尔·福柯思想源流简图

潘伟伟 绘

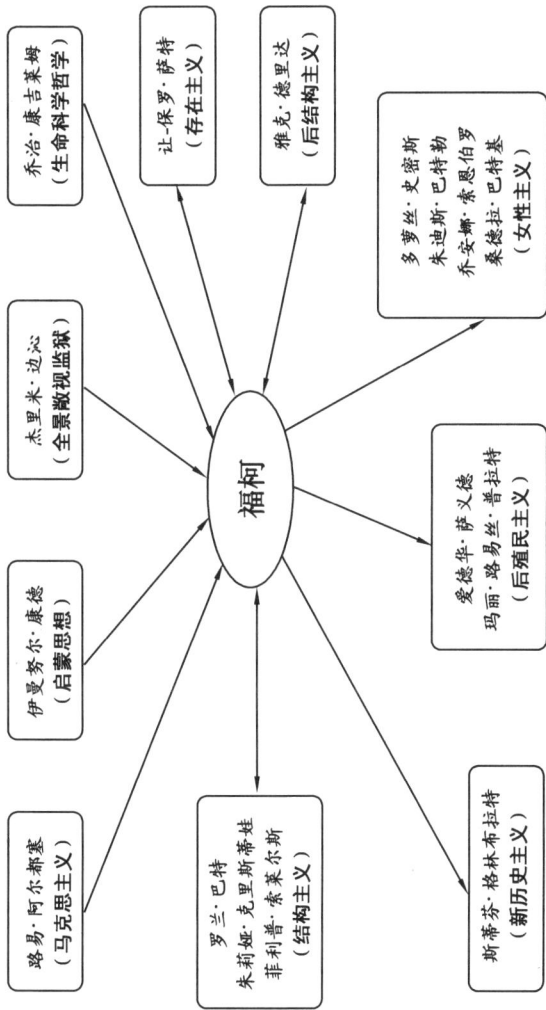

路易·阿尔都塞
（马克思主义）

罗兰·巴特
朱莉娅·克里斯蒂娃
菲利普·索莱尔斯
（结构主义）

伊曼努尔·康德
（启蒙思想）

杰里米·边沁
（全景敞视监狱）

乔治·康吉莱姆
（生命科学哲学）

福柯

让-保罗·萨特
（存在主义）

雅克·德里达
（后结构主义）

斯蒂芬·格林布拉特
（新历史主义）

爱德华·萨义德
玛丽·路易丝·普拉特
（后殖民主义）

多萝丝·史密斯
朱迪斯·巴特勒
乔安娜·索恩伯罗
桑德拉·巴特基
（女性主义）

译后记

在一次上班的途中,我正坐在公交车上百无聊奈地看着远方,想着今天又要加班加点的工作,心里不胜其烦。不经意间看到了信息在指尖跳动,定睛一看,原来是久未联系且远在新西兰的师兄孔锐才博士找我,他说自己正在给重庆大学出版社翻译一本书,该出版社打算出版一套介绍西方哲学家的导读丛书,问我是否有兴趣参与。我顿时来了兴趣,跃跃欲试,于是孔师兄将我推荐给了该出版社的编辑邹荣。这就是这本书的开始。

当得知是翻译介绍福柯的书时,我的心里既感到惊喜又有点犹豫。惊喜的是我对福柯并不算太陌生,以前也读过他的一些著作,因此对他有所了解;之所以犹豫,也正是源于对他的这点了解。因为他是一位思想非常复杂的哲学家,著作庞杂繁复,思想新颖独特。要全面了解这样一位哲学家,即便是读遍他的著作,也不可得。要介绍这样一位哲学家,即便只是翻译关于他的导读书目,也不会是一件容易的事。

于是我艰难的开始了翻译的日子。为了更加深入理解福柯的思想,我一边看福柯的英文版著作,一边看介绍福柯的相关文章。日子总是匆匆忙忙,一边工作,一边忙里偷闲中做些翻译。每当深夜独自在灯下翻译时,恍惚中感觉自己似乎正从事着一件伟大而隐秘的工作。刚开始翻译的时候还算顺利,等到渐渐涉及福柯的重要思想时,吃力的感觉便扑面而来。由于这本著作大量引用了福柯的文章和其他理论家的评论,福柯式的思想和语言句法使我举步维艰。与此同时,翻译中的另一大挑战就是我还要思考如何让这些福柯式的语句以通俗易懂的方式呈现给读者。有时我感到陷入瓶颈,即使字斟句酌也不得其意;有时我感觉一马平川,风驰电掣;有时又陷入两难困境。在这期间多亏了我的丈夫胡博士一直给予我无限的支持和鼓励,他总是一个乐观又积极向上的人。由于他是理工科专业出身,如果他能读懂,那么这本书的导读目的就达到了。我常常将自己翻译好的句子读给他听,他总是不厌其烦,并时常给出合理的建议。再加上他有良好的英语功底,在翻译中给予我很多的帮助。他对句法结构的修改,使很多长句变得简洁明了,为文章增色不少,使我的翻译更加顺利。

后来我经历了几次搬家,使翻译工作一度中断。等到想再次重拾翻译时,整个人又被日常繁琐工作所淹没。当初那股热情似乎慢慢消散,每逢周末我只想休息,看看闲书散散步,面对枯燥的翻译实在懒得动笔,就这样又拖延了一段时间。直到有一天,我在图书馆看到这套丛书已经有部分出版了,其中就有孔师兄翻译的那本。打开书页,读着他们翻译的文字,我的心里再次涌起了翻译的激情,什么时候我翻译的书也能像它们一样,化为铅字,展现在读者面前?那一刻,我下定决心,抓紧时间翻译,一味拖延的话,这本书的出版只会遥遥无期。

值得庆幸的是,在这个过程中,丛书的责任编辑邹荣对我不断鼓励和督促,这也坚定了我继续翻译的决心。于是我又开始了痛苦并快乐的翻译征程。

2016年的春天,当我正在对书做最后润色的时候,上天赐予我一个可爱的期待。我决定将这本书作为送给我未来孩子的礼物。转眼冬天来临,伴随着孩子的降生,这本书也即将出版。多年以后,当他学会阅读时,他会看到这段文字,并读一读这本书,或许他能从这本书中看到他母亲当年翻译的身影。

这是一本介绍福柯的书,远比福柯本人的著作简单易懂。它介绍了福柯的重要思想,梳理他的理论脉络。通过阅读这本书,你会对福柯有大体的了解,对他的思想产生兴趣,想一窥究竟。目前福柯的著作在中国的译本有很多,研究福柯思想的书籍也不在少数。可以说,中国读者对福柯这个名字并不陌生,比如他最著名的权力理论。但真正对他的思想有所了解的读者,却大都是学术界人士。对于普通大众而言,要了解福柯的思想,无疑是比较困难的。因此需要一个语言通俗的导读性著作来让大家了解福柯,对福柯的思想产生兴趣,进而增加大众进一步研读福柯著作的可能。通过读这本书,你能很快找到自己的兴趣点,从福柯的著作中进行针对性的阅读。

在这个时代我们为什么还要读福柯?有的人是为了学术研究,有的人是为了拓宽知识面,有的人不为任何目的,只是出于好奇。不管是出于什么原因,读一读福柯,哪怕只是作为消遣,他对你的思想或多或少都会产生影响。福柯会让你明白,原来可以这样看文学,原来还可以这样读历史,福柯的思想会一次次带给你惊喜。他将为你打开另一个思维空间,为陷入思维定势的我们展现不一样的角度,让你用一种全新的思维去看世界。他的思想深深影响着当代许多哲学家,也影响着普通人看待世界的方式。福柯教会我们的不是某种具体理论,而是一种思维方式,让我们更好的思考自身和外部世界。如果说人类一思考上帝就发笑,那么就让上帝去笑吧! 毕竟带着思考去生活,才是真正的生活。

　　希望这本书能让更多的读者想去了解福柯,去读福柯,用新思维去考量身边的人与事,换个角度思考人生与未来,在平淡无奇的生活中寻找更有意义的生活。

图书在版编目(CIP)数据

导读福柯/(英)萨拉·米尔斯(Sara Mills)著;
潘伟伟译.—重庆:重庆大学出版社,2017.4(2022.12 重印)
(思想家和思想导读丛书)
书名原文:Michel Foucault
ISBN 978-7-5689-0440-7

Ⅰ.①导… Ⅱ.①萨…②潘… Ⅲ.①福柯
(Foucault,Michel 1926—1984)—思想评论 Ⅳ.
①B565.59

中国版本图书馆 CIP 数据核字(2017)第 041280 号

导读福柯

萨拉·米尔斯 著
潘伟伟 译
策划编辑:邹 荣 任绪军 雷少波
责任编辑:邹 荣 版式设计:邹 荣
责任校对:贾 梅 责任印制:张 策

*

重庆大学出版社出版发行
出版人:饶帮华
社址:重庆市沙坪坝区大学城西路 21 号
邮编:401331
电话:(023) 88617190 88617185(中小学)
传真:(023) 88617186 88617166
网址:http://www.cqup.com.cn
邮箱:fxk@cqup.com.cn(营销中心)
全国新华书店经销
重庆市正前方彩色印刷有限公司印刷

*

开本:890mm×1168mm 1/32 印张:5.75 字数:132千 插页:32开2页
2017 年 4 月第 1 版 2022 年 12 月第 4 次印刷
ISBN 978-7-5689-0440-7 定价:38.00 元

封面设计:史英男　刘　骥

荒岛書店

gu∧de

思想家和思想导读丛书

★表示已出版

思想家导读

思想家著作导读

思想家关键词